CORRIGÉ

DES EXERCICES FRANÇAIS

SUR

LA SYNTAXE, L'ORTHOGRAPHE
ET LA PONCTUATION ;

Par L'Abbé MUSY,

Aumônier de la Marine Royale, à Brest.

C. M.

A PARIS,

CHEZ B. DUSILLION, ÉDITEUR,

rue Laffitte, n° 40.

———

1843.

CORRIGÉ

DES EXERCICES FRANÇAIS.

Les exemplaires non revêtus de la signature de l'auteur seront réputés contrefaits, et tout contrefacteur ou débitant de contrefaçons de cet ouvrage, sera poursuivi par toutes les voies de droit.

TYPOGRAPHIE D'A. PROUX ET C.ie,
rue Neptune, 10, à Brest.

CORRIGÉ

DES EXERCICES FRANÇAIS

sur

LA SYNTAXE, L'ORTHOGRAPHE ET LA PONCTUATION;

PAR L'ABBÉ MUSY,

Aumônier de la Marine Royale, à Brest.

Prix : 2 fr. cartonné.

À PARIS.

CHEZ B. DUSILLION, ÉDITEUR,

rue Laffitte, n° 40.

1843.

Ouvrages du même Auteur :

NOUVELLE GRAMMAIRE FRANÇAISE, appuyée sur les autorités les plus éminentes, telles que l'Académie, Boiste, Lévisac, Girault-Duvivier, Estarac, Wailly, Napoléon Landais, etc., et disposée d'après une méthode simple et lucide, qui facilite l'enseignement aux Maîtres et l'étude aux Élèves. — Prix, brochée, 1 fr. 35 c. — cartonnée, 1 fr. 50 c.

ABRÉGÉ DE LA NOUVELLE GRAMMAIRE FRANÇAISE, à l'usage des commençants, un vol. in-12. — Prix, cartonné.. 90 c.

EXERCICES FRANÇAIS SUR LA SYNTAXE, L'ORTHOGRAPHE ET LA PONCTUATION, un vol. in-12. — Prix, cartonnés...................... 1 fr. 50 c.

NOUVEAU MOIS DE MARIE, avec des Hymnes et des Cantiques entièrement inédits, un vol. grand in-18. — Prix, broché........ .... 2 fr.

———

Pour paraître prochainement :

TRAITÉ D'ANALYSE LOGIQUE ET GRAMMATICALE, suivi d'un TRAITÉ DES PARTICIPES, un vol. in-12. — Prix, cartonné...................... 1 fr. 80 c.

✦✧✦

CORRIGÉ

DES EXERCICES FRANÇAIS

SUR

LA SYNTAXE, L'ORTHOGRAPHE ET LA PONCTUATION.

CHAPITRE PREMIER.

—

ORTHOGRAPHE DES VERBES.

—

Exercices sur l'application des Règles de la Grammaire, du n° 151 au n° 180.

1. — Nous les forçâmes à se retirer et nous engageâmes le combat avec leur arrière-garde.

2. — Avant l'arrivée des Européens, beaucoup de nations mangeaient leurs prisonniers.

3. — A nous entendre, il faudrait que Dieu exauçât toutes nos prières.

4. — Cette activité que rien ne pouvait égaler, et qui, dans un jour de bataille, le partageant pour ainsi dire, et le multipliant, faisait qu'il se trouvait partout, qu'il suppléait à tout.

5. — L'œuvre qu'il créera sera digne de son talent.

6. — Qui règne pour soi seul est indigne du trône.

7. — Que d'immenses richesses la mer recèle dans son sein !

8. — Sur le bord de la tombe ils espèrent encore.

9. — L'éclat que ses vertus jetèrent sur sa vie, n'a pas été affaibli par le temps.

10. — Je me rappelle souvent avec plaisir les premières années de ma jeunesse.

11. — Il jette un cri perçant, et court se réfugier dans les bras de sa mère.

12. — Il paiera cher le triomphe qu'il a remporté sur moi; j'emploierai tous les moyens pour m'en venger.

13. — La religion ordonne que nous nous associions aux bonnes œuvres, autant, du moins, qu'il est en notre pouvoir.

14. — On le voit, d'un air timide et soumis, essuyer les caprices d'un ministre.

15. — Pourquoi voulez-vous que nous essayions de changer l'inflexible résolution à laquelle il s'est arrêté?

16. — Des armes bénites par l'Église avec beaucoup d'appareil ne sont pas toujours bénies du ciel sur le champ de bataille.

17. — Quelle florissante jeunesse je voyais briller en lui.

18. — Les anémones fleurissent de bonne heure.

19. — Les beaux-arts ont toujours fleuri sous les grands princes.

20. — Les arts et les sciences florissaient sous le règne d'Auguste.

21. — Les génies tracassiers sont haïs de tout le monde.

22. — Je crains cet homme autant que je le hais.

23. — Et je souhaiterais, dans ma juste colère,
Que chacun le haït comme le hait son frère.

24. — Quand il hait une fois il veut haïr toujours.

25. — J'ai payé à vos créanciers les sommes qui leur étaient dues.

26. — Il aurait dû me répondre et il ne l'a pas fait.

27. — Hélas! on ne craint pas qu'il venge un jour son père;
On craint qu'il n'essuyât les larmes de sa mère.

28. — Antoine, tu le sais, ne connaît point l'envie.

29. — Il ne connaît ni les doux plaisirs, ni l'amitié plus douce encore.

30. — Je ne connaissais pas toutes ses bonnes qualités.

31. — Tu me demandes la vie; je te la donne.

32. — Et je rends grace aux dieux de n'être pas Romain,
Pour conserver encor quelque chose d'humain.

33. — Prends ma vie, mais laisse-moi l'honneur.

34. — La rose est celle des fleurs qui rend l'odeur la plus agréable.

35. — Ce n'est pas assez : vous vous défaites de vos vices, mais vous n'acquérez aucune vertu.

36. — Tu ne connaissais pas le bonheur que donne l'innocence.

37. — Vous nous redites toujours la même chose.

38. — Vous louez pour qu'on vous loue; vous médisez pour qu'on ne médise pas de vous.

39. — Nous courûmes à son secours; mais il était trop tard.

40. — Vous remplîtes avec zèle la mission qui vous avait été confiée.

41. — L'ennui naquit un jour de l'uniformité.

42. — Lorsque nous fûmes arrivés, nous le trouvâmes parti.

43. — Ce que craint le méchant lui arrivera; mais les justes obtiendront ce qu'ils désirent.

44. — La maison des méchants sera détruite; mais les tentes des justes seront florissantes.

45. — Travaille à purifier tes pensées : si tes pensées ne sont pas mauvaises, tes actions ne le seront point.

46. — Ne faites rien dans le moment de la colère.

47. — Chasse la cupidité de ton cœur, tes pieds seront à l'abri des fers.

48. — J'aimerais mieux encor qu'il déclinât son nom.

49. — Je voudrais qu'il vînt.

50. — La joie du cœur se répand sur le visage; la tristesse abat l'esprit.

51.— Mais souvent un esprit qui se flatte et qui s'aime
Méconnaît son génie et s'ignore soi-même.

52. — La joie de l'esprit rend le corps plein de vigueur; la tristesse dessèche les os.

53. — Celui qui répond avant que d'écouter, fait voir qu'il est insensé et digne de confusion.

54.— Tout ce qu'on dit de trop est fade et rebutant,
L'esprit rassasié le rejette à l'instant.

55. — La colère du roi est comme le rugissement du lion, qui jette partout l'épouvante.

56. — Ce que l'on conçoit bien s'énonce clairement.

57. — Entrez en société avec nous; n'ayons tous qu'une même bourse.

58. — Jusqu'à quand les insensés désireront-ils ce qui leur est pernicieux, et les imprudents haïront-ils la science et la rejetteront-ils?

59. — Chaque vers qu'il entend le fait extasier.

60. — Mon fils, ne rejetez point la correction du Seigneur, et ne vous abattez point lorsqu'il vous châtie.

61. — Ecoutez mes instructions, soyez sage et ne les rejetez point.

62. — Il renvoie en leurs lieux les vers mal arrangés.

63. — Celui qui s'appuie sur des mensonges, se repaît de vents; il est semblable à celui qui court après des oiseaux qui volent.

64. — L'œuvre du juste conduit à la vie; le fruit du méchant tend au péché et à la mort.

65.— Ce tour ne me plaît pas. — Tout le monde l'admire.

66. — Ainsi, tous ceux qui me haïssent aiment la mort.

67.— Mais souvent, dans ce style, un rimeur aux abois
Jette là, de dépit, la flûte et le hautbois.

68. — Ma bouche publiera la vérité; mes lèvres détesteront l'impiété.

69. — Tel paraît riche qui n'a rien; et tel paraît pauvre qui est fort riche.

70. — L'hypocrisie est un hommage que le vice rend à la vertu.

71. —Ses ouvrages, tout pleins d'affreuses vérités,
Étincellent partout de sublimes beautés.

72.—Lorsque Dieu agréera les voies de l'homme, il réduira ses ennemis mêmes à lui demander la paix.

73. — As-tu fait du bien à quelqu'un? tiens-toi en garde contre les effets de sa méchanceté.

74. — L'esprit, avec plaisir, reconnaît la nature.

75. — La crainte revient souvent à celui qui l'envoie.

76. — C'est dans le péril qu'on reconnaît les hommes vraiment courageux.

77. — On s'ennuie aux exploits d'un conquérant vulgaire.

78. — Tu demandes à Dieu des richesses; il t'en accorderait s'il n'avait pitié de ta sottise.

79. — A la postérité d'abord il en appelle.

80. — Les pauvres peuvent être appelés les nègres de l'Europe; leur sort n'est pas plus heureux que celui de ces derniers.

81. —Didon a beau gémir et m'étaler ses charmes,
Je condamne sa faute en partageant ses larmes.

82. — Si tu es riche, sois humain et charitable; si tu es pauvre, espère en Dieu et résigne-toi.

83. — Aimez donc la vertu; nourrissez-en votre ame.

84. — Les plus méchants des hommes sont ceux qui ne veulent pas pardonner.

CHAPITRE II.

—

SUR LES VERBES IRRÉGULIERS.

—

(185 *à* 209.)

1. — Il ne va jamais où on l'envoie.

2. — Va dedans les enfers plaindre ton Curiace.

3. — Va, d'un débit heureux l'innocente imposture,
Sans la défigurer, embellit la nature.

4. — Le cœur de l'homme prudent acquiert la science.

5. — La femme modeste sera élevée en gloire; et les hommes forts et laborieux acquerront les richesses.

6. — On ne surmonte jamais des dangers sans en courir.

7. — Demain nous cueillerons les fleurs et les fruits de mon jardin.

8. — Sois vêtu; laisse à d'autres le soin de s'habiller.

9. — Tout s'acquiert par l'exercice, même la vertu.

10. — Le malade prudent requiert le médecin.

11. — C'est à ceux qui se meurent qu'il faut demander comment il faut vivre.

12. — Il faut que tu fuies les occasions de pécher.

13. — Les robes dont ces femmes se vêtent sont de mauvais goût.

14. — Combien de fois nous fuyons ce qu'il faudrait suivre, et nous suivons ce qu'il faudrait éviter.

15. — Asseyons-nous sur le vert gazon de la prairie.

16. — Nous décherrons infailliblement si nous ne savons à propos redoubler d'efforts.

17. — Les hommes agités par les passions se meuvent les uns les autres.

18. — Il n'y eut jamais une plus belle constitution d'état que celle où vous verrez le peuple de Dieu.

19. — Que nous le voulions ou que nous ne le voulions pas, il nous faudra mourir un jour.

20. — Je vous enverrai les ouvrages que vous m'avez demandés.

21. — Je veux sur ses débris asseoir la monarchie.

22. — Attendez que nous ayons fini.

23. — Je crains que vous ne déchoyiez de la bonne réputation que vous aviez acquise.

24.—Ils croiraient s'abaisser, dans leurs vers monstrueux,
S'ils pensaient ce qu'un autre a pu penser comme eux.

25. — Pourquoi voulez-vous que je sache cela ?

26. — Il faut que cet ouvrage vaille bien peu puisque personne ne l'achète.

27. — Que de chagrins nous prévoirions si l'avenir nous était dévoilé.

28. — Je souhaite que vous ne vous prévaliez jamais de la promesse que je vous fais.

29. — Les robes que tu couds ne sont pas si solides que celles que coud ta sœur.

30. — Elle crût en honneur, en crédit et en richesses.

31. — Vous m'aviez promis que vous coudriez mieux à l'avenir.

32. — La farine qu'on moud à votre moulin n'est pas assez fine.

33. — J'ai résolu le problème que vous m'avez donné.

34. — La tempête qui nous menaçait s'est résous en pluie.

35. — Je sursois à mon jugement sur cet homme.

36. — Que ces faits surprenants soient dignes d'être ouïs.

37. — Lorsque vous serez entré dans la voie de la sagesse, vos pas ne s'y trouveront plus resserrés, et vous courrez sans que rien vous fasse tomber.

38. — Ils reprennent courage, ils attaquent le roi.

39. — La résignation naît quand l'espérance meurt.

40. — Le génie du mal a sa providence qui pourvoit à ce que nous ne soyons jamais sans douleurs.

41. — On les laisse passer ; tout leur paraît tranquille.

42. — Mais le sentier des justes est comme une lumière brillante qui s'avance et qui croît jusqu'au jour parfait de l'éternité.

43. — Il vainc ses ennemis par la sagesse de ses opérations.

44. — La modestie est le vêtement qui sied le mieux à une femme.

45. — Cette femme a été absoute par ses juges.

46. — Je faisais frire du poisson quand il est venu me voir.

47. — Leur courage renaît et leurs terreurs s'oublient.

48. — Il faut que je pourvoie à la subsistance de ma famille.

49. — Je vais vous raconter comment la chose s'est passée.

50. — Chaque fois que je vais le voir, il veut que je m'asseye en sa présence.

51. — Il vous écrit pour que vous vouliez bien vous charger de recevoir ses fermages.

CHAPITRE III.

—

SUR LA SYNTAXE DU NOM.

—

(338 *à* 351.)

1. — Cet auteur ne manque pas de talent, mais ce n'est pas un aigle.

2. — L'aigle romaine a souvent conduit les légions à la victoire.

3. — Ils ont pour armoiries une aigle aux ailes déployées.

4. — Les cartouches fournies à nos soldats contenaient de la cendre au lieu de poudre.

5. — Jamais plus beau couple ne reçut la bénédiction nuptiale.

6. — J'ai éprouvé un grand délice à la lecture de votre lettre.

7. — Où trouver de plus grandes délices que dans la société de véritables amis?

8. — Quand elle était chez sa nourrice, c'était la plus belle enfant qu'on pût voir.

9. — Cette auberge n'a plus la même enseigne.

10. — Mon frère était le plus jeune enseigne de tout le corps d'armée.

11. — Les exemples d'écriture qu'on vous a données pour modèles sont plus belles que les miennes.

12. — Les grands exemples que nous ont donnés les héros de l'antiquité ne devraient pas être perdus pour nous.

13. — La foudre qui gronde causera peut-être de grands malheurs.

1.

14. — Aux yeux des Romains, Attila était un foudre de guerre.

15. — Un garde national sortit des rangs et présenta une pétition au prince.

16. — Tous les honnêtes gens recherchent son amité.

17. — Certaines gens nous comblent d'éloges quand nous sommes présents; mais en arrière de nous, ils nous déchirent de leur mieux.

18. — J'avais fait choix d'un excellent guide pour parcourir les Pyrénées.

19. — Il se servait de guides blanches pour conduire ses chevaux.

20. — Pindare est un des auteurs qui ont célébré les héros par les plus beaux hymnes.

21. — Les hymnes de Santeuil sont les plus belles que l'on chante à l'église.

22. — Ce vaisseau se serait perdu sans la manœuvre adroite de son équipage.

23. — Un auteur mercenaire est plutôt un manœuvre qu'un artisan.

24. — Les premières orgues remontent, dit-on, à Charlemagne; ce fut le calife Haroun-al-Raschild qui lui envoya le premier.

25. — On ne s'avisa de le saigner que lorsque la fièvre eut atteint son dernier période.

26. — La période la plus remarquable du siècle de Louis XIV ne fut qu'une longue suite de victoires.

27. — Un trompette s'est présenté devant la place qu'on assiégeait pour sommer le commandant de se rendre.

28. — La trompette est un des instruments de musique les plus bruyants.

29. — Il y a dans Scipion l'Africain quelque chose de plus beau que ses victoires : c'est sa vertu.

30. — Je n'ai pas voulu le croire, quelque chose qu'il m'ait dite.

31. — Là brillent d'un éclat immortel les vertus politiques, morales et chrétiennes des Le Tellier, des Lamoignon et des Montausier.

32. — Les Corneilles sont rares sur notre Parnasse, et les Cicérons dans notre barreau.

33. — Il faut être bien sûr de la probité des gens à qui l'on confie des blanc-seings.

34. — Que de chefs-d'œuvre nous devons aux Racine et aux Corneille.

35. — Paris est le plus grand des quatre-vingt-six chefs-lieux que l'on compte en France.

36. — On a gâté toutes mes plates-bandes en poursuivant des chats-huants.

37. — On a regardé longtemps le lait comme le plus efficace des contre-poison.

38. — Les vers-à-soie sont la richesse de plus d'une commune de France.

39. — C'était un des chevau-légers de la reine.

40. — On rencontre souvent de ces boute-feu qui, cachant avec soin leurs arrière-pensées, se font l'écho bavard de tous les ouï-dire, et servent leurs médisances comme hors-d'œuvre, à toutes les tables où ils sont admis : ce sont de véritables trouble-fête ; espèce de fier-à-bras qui se fient sur leur adresse ou sur leur vigueur pour donner impunément des crocs-en-jambes à la vérité. De pareilles gens devraient être fuis comme autant de loups-garous.

41. — Il ne faut pas abuser des alinea.

42. — Les in-folio que vous m'avez envoyés sont plus vieux que je ne pensais : les trois premiers recto sont presque illisibles.

43. — Combien de gens font leurs in-promptu à tête reposée.

44. — Cette pièce ne repose que sur une multitude de quiproquo tout-à-fait invraisemblables.

45. — Vous ne m'avez pas rendu les six numéros du journal que je vous ai prêtés.

46. — Il y a des opéras modernes qui ont plus de valeur réelle que ceux du dernier siècle.

47. — Les garde-fous qu'on a placés ne sont pas assez solides.

48. — J'ai déjeûné d'une couple d'œufs.

49. — Personne n'est venu pour louer l'appartement.

50. — C'est la même personne qui est venue hier.

51. — Les coquettes sont des paons en société et des pies-grièches dans leur intérieur.

52. — Quelle que soit la beauté des vers des Virgile et des Horace, la poésie chrétienne nous offre encore quelque chose de très-supérieur.

53. — Nos actions sont comme les bouts-rimés que chacun fait rapporter à ce qu'il lui plaît.

54. — Chez nous pour un Racine on trouve cent Pradons.

55. — L'amour de Dieu est le plus saint des amours.

CHAPITRE IV.

SUR LA SYNTAXE DE L'ARTICLE.

(352 à 362.)

1. — Les monts, les rochers, les antres verts, vont recevoir leurs demi-dieux; les palais, les gymnases, vont sortir de leurs décombres.

2. — La vallée de Tempé, les bois de l'Olympe, les côtes de l'Attique et du Péloponèse étalent de toutes parts les ruines de la Grèce. Là commencent à paraître les mousses, les plantes grimpantes et les fleurs saxatiles.

3. — L'oncle et la tante de mon filleul sont venus me voir.

4. — Le président et les conseillers de la première chambre de la cour royale, après avoir entendu les plaignants et les témoins, ont rendu un arrêt très-longuement motivé.

5. — Le sublime et naïf Lafontaine a laissé des fables inimitables.

6. — Le vaste et splendide palais que vous admiriez a été consumé par le feu.

7. — J'ai lu avec un vif intérêt le troisième et le quatrième volumes de votre ouvrage; ils m'ont semblé supérieurs au premier et au second.

8. — La littérature grecque et la latine sont le point de départ de toutes les littératures modernes.

9. — Monseigneur l'évêque administra hier le sacrement de la confirmation.

10. — Comment deux personnes n'auraient-elles qu'une seule et même volonté, quand chacune d'elles en a plusieurs?

11. — A force d'admirer la beauté et l'éclat des ouvrages de Dieu, ils les prirent pour Dieu même.

12.— L'eau du ruisseau qui fuit sous de légers feuillages.

13. — En effet, dans le monde, combien de scélérats travestis en gens de bien.

14. — Il faut de plus grandes vertus pour soutenir la bonne fortune que la mauvaise.

15. — L'art de savoir bien mettre en œuvre de médiocres qualités, dérobe l'estime et donne souvent plus de réputation que le véritable mérite.

16. — Rien n'est si contagieux que l'exemple, et nous ne faisons jamais de grands biens ni de grands maux qui n'en produisent de semblables.

17. — Hélas! de soudaines alarmes
Devant toi tourmentent mon cœur.

18. — Ce qui paraît générosité n'est souvent qu'une ambition déguisée qui méprise de petits intérêts pour aller à de plus grands.

19. — La reconnaissance de la plupart des hommes n'est qu'une secrète envie de recevoir de plus grands bienfaits.

20. — Ce n'est d'ordinaire que dans de petits intérêts où nous prenons le hasard de ne pas croire aux apparences.

21. — Nous n'avouons de petits défauts que pour persuader que nous n'en avons pas de grands.

22. — Il y a de certains défauts qui, bien mis en œuvre, brillent plus que la vertu même.

> **23.** — Combien, dans la foule insensée,
> De projets vides et menteurs !

24. — Il y a de certaines larmes qui nous trompent souvent nous-mêmes après avoir trompé les autres.

25. — Il y a de méchantes qualités qui font de grands talents.

> **26.** — Il apporte des vœux, des baisers, des chansons,
> Et couronne de fleurs ceux que nous chérissons.

27. — Allons, revenez à vous ; il vous faut beaucoup de courage et de résignation, mais Dieu n'en sera pas avare pour vous.

28. — On la voit toujours avec des beaux-esprits ou des grands seigneurs.

29. — Je ne vous ferai point d'observations.

30. — Les plus grands états ont été renversés par des jeunes gens et conservés par des vieillards.

31. — Ce ne seront pas des observations inutiles que je vous adresserai.

CHAPITRE V.

—

SUR LA SYNTAXE DES ADJECTIFS.

—

(363 *à* 406.)

1. — Vous n'avez pas fait les versions et les thèmes latins que je vous avais donnés.

2. — Cette femme a la taille et le teint beaux.

3. — Vous auriez pu faire votre thème ou votre version latine.

4. — Cette femme a-t-elle le teint ou la taille belle ?

5. — Nous avons visité le premier et le deuxième étage de cette maison.

6. — L'un et l'autre bœuf que vous m'avez fait acheter ne valent rien pour le labourage.

7. — Vous avez renoncé à apprendre la langue anglaise et la langue allemande.

8. — J'étais ému de pitié à la vue de tous ces malheureux qui marchaient nu-pieds et nu-tête à travers la neige.

9. — Cette horloge sonne les demi-heures.

10. — Je n'ai pu me procurer que trois demi-kilogrammes de résine.

11. — Il y a des peuples qui vont tête nue et pieds nus en toute saison.

12. — Mon père a l'usufruit de cette maison et je n'en ai que la nue propriété.

13. — Le sermon a commencé à deux heures et demie.

14. — La feue reine est généralement regrettée.

15. — Feu votre mère aurait été bien affligée de votre conduite.

16. — La gloire serait payée trop cher s'il fallait l'acheter au prix de la vertu.

17. — Les hommes courent toujours plus vite après la fortune qu'après la sagesse.

18.—Quelques mythologues représentent Apollon avec des cheveux blond-cendré ; d'autres , avec des cheveux châtain-clair.

19. — Les hommes qui sont sourds-muets de naissance sont difficilement guéris de cette infirmité.

20. — Les enfants morts-nés ne figurent pas dans les statistiques de naissance.

21. — Il se publie maintenant un grand nombre de recueils semi-périodiques.

22. — Ils portaient une bannière mi-partie verte et blanche.

23. — La mort fait de grands ravages parmi les enfants nouveau-nés.

24. — Les tulipes sont bien clair-semées dans votre jardin.

25. — Ces roses fraîches-cueillies exhalent un parfum délicieux.

26. — La grand'messe a commencé aujourd'hui plus tard qu'à l'ordinaire.

27. — Avez-vous vu la grande maison que j'ai achetée?

28. — Votre portrait est d'une ressemblance frappante.

29. — Quels cris douloureux ce malheureux a poussés.

30. — Vous avez pris un logement chez un propriétaire avare.

31. — Une pomme verte est rarement assez mûre.

32. — Songez que vous êtes aussi nécessaire à votre famille que vous en êtes chéri.

33. — De quatre-vingts chevaux qu'il avait dans son écurie, l'incendie en a dévoré trente.

34.—Embrassez, dans le cours de vos longs mouvements,
Deux cents siècles entiers par-delà six mille ans.

35. — Il a payé quatre-vingt-trois francs sur trois cent cinquante qu'il devait.

36. — Il est entré en Allemagne à la tête de cinquante mille hommes.

37. — Je suis né l'an mil sept cent quatre-vingt-dix-huit.

38. — La distance de Londres à Douvres est de plus de soixante-dix milles.

39. — Après la bataille, il ne restait plus que quarante-un hommes de sa compagnie.

40. — Paris est une ville magnifique; les agréments en sont préférables à ceux de la campagne.

41. — Cet ouvrage est mal écrit ; j'ignore quel en est l'auteur.

42. — Comment se fait-il que Boileau, dans ses écrits, ait oublié La Fontaine dont on sait qu'il admirait et préconisait franchement les chefs-d'œuvre inimitables?

43. — J'estime beaucoup votre père, dont je reconnaîtrai toujours les importants services.

44. — Cet homme ne se repentira pas d'avoir vécu, la mort ne lui fera aucune peine.

45. — Mille parties de plaisir ne laissent aucun souvenir qui vaille celui d'une bonne action.

46. — Chaque jour de ta vie est un feuillet de ton histoire.

47. — A sa mort, ses trois fils ont reçu dix mille francs chacun.

48. — L'amour-propre est le plus grand de tous les flatteurs.

49. — On ne méprise pas tous ceux qui ont des vices; mais on méprise tous ceux qui n'ont aucune vertu.

50. — Et quelque peu des leurs tout percés de nos coups.

51. — L'espérance, toute trompeuse qu'elle est, sert au moins à nous mener à la fin de la vie par un chemin agréable.

52. — La paresse, toute languissante qu'elle est, ne laisse pas d'être souvent la maîtresse.

53. — Nous arrivons tout nouveaux aux divers âges de la vie, et nous y manquons souvent d'expérience, malgré le nombre des années.

54. —, Quelle que soit la gloire des grands sur la terre, elle a toujours à craindre l'envie qui cherche à l'obscurcir.

55. — Quelques vers, toutefois, qu'Apollon vous inspire,
   En tous lieux aussitôt ne courez pas les lire.

56. — Quelque honte que nous ayons méritée, il est presque toujours en notre pouvoir de rétablir notre réputation.

57. Il y a des gens qui ressemblent aux vaudevilles que tout le monde chante un certain temps, quelque fades et dégoûtants qu'ils soient.

58. — La grace de la nouveauté et la longue habitude, quelque opposées qu'elles soient, nous empêchent également de sentir les défauts de nos amis.

59. — Quelques grands avantages que la nature donne, ce n'est pas elle seule, mais la fortune avec elle, qui fait les héros.

60. —Ce grand choix, quel qu'il soit, peut n'offenser que moi.

61. — On prouve très-bien à cet enfant que cette religion, quelque simple qu'elle soit, est la seule véritable.

62. —, Quelque bons que soient vos avis, il ne saurait s'y conformer.

63.— Quels que soient les lauriers qui vous furent promis.

64. — Quelque agréable que me paraisse cette province, je ne puis cependant m'accoutumer à ses usages.

65.—Princes, quelques raisons que vous me puissiez dire,
   Votre devoir ici n'a pas dû vous conduire.

66. — Quelque corrompues que soient nos mœurs, le vice n'a pas encore perdu parmi nous toute sa honte.

67.— La valeur, quels que soient ses droits et ses maximes,
Fait plus d'usurpateurs que de rois légitimes.

68. — Une femme, quelques grands biens qu'elle
porte dans une maison, la ruine bientôt si elle
y introduit le luxe, avec lequel nul bien ne
peut suffire.

69. — Ces fleurs sont tout aussi fraîches
qu'hier.

70. — Ma muse tout en feu me prévient et te loue.

71. — Cette jeune personne est toute honteuse
de s'être exprimée comme elle l'a fait.

72. — Baleazar a commencé son règne par une
conduite tout opposée à celle de Pygmalion.

73. — Il se soumet lui-même aux caprices d'autrui,
Et ses écrits tout seuls doivent parler pour lui.

74. — Nul plaisir n'égale celui que cause une
bonne action qu'on a faite.

75. — La certitude de l'existence de Dieu est
notre premier besoin.

76. — Il faut laisser partir ce jeune homme,
qui est attendu par sa mère, et qui lui a été promis.

CHAPITRE VI.

RÉCAPITULATION DES CINQ CHAPITRES QUI PRÉCÈDENT.

(151 à 406.)

1. — La durée de nos passions ne dépend pas
plus de nous que la durée de notre vie.

2. — La passion fait souvent un fou du plus
habile homme, et rend souvent les plus sots
habiles.

3. — Marot, bientôt après, fit fleurir les ballades,
Tourna des triolets, rima des mascarades.

4. — L'orgueil se dédommage toujours et ne
perd rien, lors même qu'il renonce à la vanité.

5. — Il semble que la nature, qui a si
sagement disposé les organes de notre corps pour
nous rendre heureux, nous ait aussi donné l'orgueil pour nous épargner la douleur de connaître
nos imperfections.

6. — Il veut les rappeler et sa voix les effraie.

7. — Il semble que nos actions aient des
étoiles heureuses ou malheureuses, à qui elles
doivent une grande partie de la louange et du
blâme qu'on leur donne.

8. — Tous ceux qui connaissent leur esprit
ne connaissent pas leur cœur.

9. — Prends soin après ma mort de la triste Aricie.

10. — Il y a des gens dont tout le mérite
consiste à dire et à faire des sottises utilement,
et qui gâteraient tout s'ils changeaient de conduite.

11. — On incommode souvent les autres quand
on croit ne les pouvoir jamais incommoder.

12. — Rien ne devrait plus humilier les hommes
qui ont mérité de grandes louanges que le soin
qu'ils prennent encore de se faire valoir par de
petites choses.

13. — Le ciel entre nos mains a mis le sort de Rome,
Et son salut dépend de la perte d'un homme.

14. — Nous pardonnons souvent à ceux qui
nous ennuient, mais nous ne pouvons pardonner
à ceux que nous ennuyons.

15. — S'il y a des hommes dont le ridicule n'ait
jamais paru, c'est qu'on ne l'a jamais bien cherché.

16. — C'est donc trop peu, dit-il, que l'Escaut en deux mois
Ait appris à couler sous de nouvelles lois.

17. — On croit quelquefois haïr la flatterie;
mais on ne hait que la manière de flatter.

18. — Ce qui nous donne tant d'aigreur contre

ceux qui nous font des finesses, c'est qu'ils croient être plus habiles que nous.

19. — La paix renaît en France et la Discorde expire.

20. — Il n'y a point d'homme qui se croie, en chacune de ses qualités, au-dessous de l'homme qu'il estime le plus.

21. — Déjà des grands vassaux l'autorité chancelle.

22. — Chacun recueille ce qu'il a semé, a dit un philosophe chinois; si tu sèmes du millet tu recueilleras du millet; si tu sèmes du riz tu récolteras du riz.

23. — Au secours de mes lois j'appellerai les mœurs.

24. — Il n'y a point de gens qui aient plus souvent tort que ceux qui ne peuvent souffrir d'en avoir.

25. —. . . . . nos hôtes consternés
Fermaient leurs basses-cours, espoir de leurs dîners.

26. — J'ai hérité du nom et de la gloire du premier de mes ancêtres.

27. — La voûte est soutenue par de magnifiques arcs-boutants.

28. — O Dieu, cria Turenne, arbitre de mon roi,
Descends, juge sa cause et combats avec moi !

29. — Nous aperçûmes deux chauves-souris qui voltigeaient dans l'appartement.

30. — On leur a accordé des saufs-conduits pour se présenter devant leurs juges.

31. — La faim aux animaux ne faisait point la guerre.

32. — Ce cardinal a reçu la pourpre des mains du Saint-Père.

33. — Le préfet et les maires de Paris ont présenté leur hommage au roi.

34. — Aucun ordre ni soin n'ont pu le secourir.

35. — Les lettres, les paquets et l'argent doivent être affranchis.

36. — Devenons comme de petits enfants ; sans orgueil , sans déguisement et sans malice.

37. — ,.........qui sait si ce roi...............

N'accuse point le ciel qui le laisse outrager
Et ses indignes fils qui n'osent le venger.

38. — Les personnes consommées dans la vertu ont en toute chose une droiture d'esprit et une attention judicieuse qui les empêchent d'être médisantes.

39. — Les grammaires françaises ne se sont que trop ressenties de la syntaxe grecque et de la syntaxe latine.

40. — L'autel étincelait des flambeaux d'hyménée.

41. — La tige de cette fleur est montée bien haut.

42. — J'ai acheté cette maison fort cher.

43. — Cette femme va droit son chemin.

44. — Et la reine, au milieu des femmes éplorées,
S'avançait tristement, tremblante entre mes bras.

45. — J'ai tenu la parole que j'ai donnée.

46. — Je souffre de la tête.

47. — Nous avons abjuré nos anciennes et nos nouvelles erreurs.

48. — A côté de son maître il le jette sans vie.

49. — Quelque disposition qu'ait le monde à mal juger, il fait encore plus souvent grace au faux mérite , qu'il ne fait injustice au véritable.

50. — Il s'éloigne , il revient et sa crainte redouble.
Il prend tous les chemins que lui montre la peur.

51. — Quelque rare que soit le véritable amour, il l'est encore moins que la véritable amitié.

52. — Le mal que nous faisons ne nous attire pas tant de persécution et de haine que nos bonnes qualités.

53. — L'astre heureux qu'il regrette a mesuré dix heures.

54. — Ne faisons aucune démarche qui puisse nous compromettre.

55.—J'ai vu beaucoup d'hymens; aucun d'eux ne me tente.

56. — Sénèque était l'homme le plus riche de l'empire.

57. — Ce jeune et courageux guerrier a affronté la mort.

58. — Les hommes sont souvent bons ou mauvais, par cela seul qu'ils ont eu de bons ou de mauvais exemples sous les yeux.

59. — Ces villes, ces palais, ces temples, ces portiques,
De nos arts florissants monuments authentiques.

60. — Les vieux et les nouveaux soldats sont remplis d'ardeur.

61. — L'or est le plus sûr des passe-partout.

62. — Les mausolées et les tombeaux des Aristide et des Caton ne sont plus; mais leurs actions se perpétuent dans les écrits du philosophe de Chéronée.

63. — Douce espérance, alors tu quittes ses lambris.
Il n'entend plus sa femme, il ne voit plus ses fils.

64. — Tout spirituels que sont certaines gens, ils ne savent pas que c'est montrer de l'esprit que de faire paraître celui des autres.

65. — Il me paraît qu'on devrait seulement admirer l'inconstance et la légèreté des hommes qui attachent successivement les agréments et la bienséance à des choses tout opposées; qui emploient pour le comique et pour la mascarade ce qui leur a servi de parure grave et d'ornements les plus sérieux, et que si peu de temps en fasse la différence.

66. — Tout fuyait.... près de là, l'ombre d'un chêne antique
Protégeait du hameau la chapelle rustique.

67. — Ils parcourent tous les livres et ne profitent d'aucun.

68. — Il se ligue avec de certaines gens contre de certaines autres.

69. L'aigle audacieux n'engendre pas la faible et timide colombe.

70. — Nous faisons nos plus chères délices de la Sainte Écriture.

71. — Du trône des Français, va, sois l'heureux appui.

72. — Il y avait vingt femmes toutes plus jolies l'une que l'autre.

73. — Il était, tout ensemble, enclin à la gloire et victime de la gloire.

74. — Les hommes sont ingénieux à se tendre des piéges les uns aux autres.

75. — L'homme qui n'a aucunes mœurs est le plus méprisable et le plus malheureux des hommes.

76. — Nous partîmes cinq cents ; mais, par un prompt renfort,
Nous nous vîmes trois mille en arrivant au port.

77. — Les Racines et les Molières sont toujours rares.

78. — Humble fille des champs, lève-toi, Dieu t'appelle.

79. — Madeleine fut une grande pécheresse.

80. — Les premières hymnes qu'on chanta dans l'Église furent composées par Saint-Hilaire, évêque de Poitiers.

81. — Madame, je n'ai point des sentiments si bas.

82. — Nous avons été vainqueurs dans trois combats navals.

83. — C'est le cardinal Mazarin qui a introduit en France le goût des opéras.

84. — Comme ils ont l'éclat du marbre, ils en ont la dureté.

85. — Ces cris demi-formés ne sont point entendus.

86. — Les sons vocaux arrivent plus tôt au cœur que les sons finals des instruments.

87. — Les arcs-en-ciel sont formés par la réflexion des rayons solaires dans les nuages.

88. — La nature a, pour les ames sensibles, une beauté et un charme toujours nouveaux.

89. — Les grands seigneurs du Tunquin ne paraissent à la cour que nu-pieds.

90. — Nous ne pûmes jamais parvenir à ce lieu inaccessible.

91. — Il s'est servi d'un verre concave.

92. — Celui qui est familier avec les choses qu'il entreprend, et qui y est habile, réussira.

93. — Les paroles graves ne conviennent pas à un insensé, et la langue menteuse sied mal à un prince.

94. — Ce tableau représente Diane chasseresse.

95. — Les droits sociaux sont placés sous l'égide des lois.

96. — Que sert à l'insensé d'avoir de grands biens, puisqu'il ne peut pas en acheter la sagesse?

97. — Celui qui justifie l'injuste, et celui qui condamne le juste, sont tous deux abominables devant Dieu.

98. — Ne veuillez jamais que des choses raisonnables, et vous vaincrez tous les obstacles.

99. — Le nom du Seigneur est une forte tour : le juste y a recours, et il y trouve une haute forteresse inaccessible à ses ennemis.

100. — Comment résous-tu ce problème difficile?

101. — Quelles que soient les difficultés que présentent certaines phrases, en consultant la grammaire, on ne peut manquer d'en triompher.

102. — Les champs ont su répondre à l'espoir de ses granges,
Et ses pieds ont foulé de fertiles vendanges.

103. — Qui n'avouera pas qu'il y a plus de fous que de sages, et que, dans le sage même, il y a plus de folie que de sagesse.

104. — Personne n'a jamais cueilli le fruit du bonheur sur l'arbre de l'injustice.

105. — Tu es jeune, aie grand soin de fuir la volupté; tu es à l'âge viril, ne manque pas de fuir les querelles et les contestations; tu es arrivé à la vieillesse, fuis avec soin l'avarice.

106. — Les plus méchants des hommes sont ceux qui ne veulent pas pardonner.

107. — Faire du bien quand on le peut, en dire de tout le monde, ne jamais porter de jugements précipités ; c'est par de tels actes de justice et de bonté que nous acquérons de grands droits à l'estime publique.

108. — Si tu voyais une vipère dans une boîte d'or, en aurais-tu moins d'horreur ? Regardes-tu du même œil le méchant environné d'éclat ?

CHAPITRE VII.

—

SUR LES PRONOMS EN GÉNÉRAL.

—

(407 à 417.)

1. — Seul que nous étions, nous nous sommes maintenu sur la brèche et nous avons défendu les véritables principes.

2. — Mon neveu, dit le vieillard, vous ne serez aimé de Dieu que si vous suivez ses commandements.

3. — Il aime la musique avec passion, et il s'y est entièrement adonné.

4. — Ce bosquet est rempli de bêtes venimeuses ; n'en approchez pas.

5. — Vos marchandises seront gâtées par la pluie, si vous n'en avez pas soin.

6. — Les petits esprits sont trop blessés des petites choses ; les grands esprits les voient toutes et n'en sont pas blessés.

7. — Ma maison n'est pas assez vaste, j'y ajouterai un pavillon.

8. — N'ayez aucune inquiétude relativement à l'affaire que vous m'avez confiée, j'y donnerai tous mes soins.

9. —Souvent, sans y penser, un écrivain qui s'aime
Forme tous ses héros semblables à lui-même.

10. — Il est plus aisé d'être sage pour les autres que de l'être pour soi-même.

11. — Cet usage n'a pas laissé au poltron la liberté de vivre; il l'a mené se faire tuer par un plus brave que lui.

12. —Ou mon amour me trompe, ou Zaïre, aujourd'hui,
Pour l'élever à elle descendrait jusqu'à lui.

13. — Vous avez droit de chasse, et je trouve ce droit fondé.

14. — Le roi lui a accordé sa grace, et il l'a reçue en allant au supplice.

15. — Quand nous nous embarquâmes, la mer était paisible.

16. — Ce prince, qui était en guerre depuis longtemps, demanda à celui de ses généraux en qui il avait le plus de confiance, comment il pourrait terminer bientôt cette guerre.

17.—Je parle à d'illustres auditeurs qui non-seulement ont été témoins de ses exploits, mais qui en ont encore partagé les périls et la gloire, comme ils ont partagé depuis les honneurs de la récompense.

18. — Nos auteurs modernes ont pris tout ce que les anciens ont de remarquable.

19.—François Ier avait érigé Vendôme en duché-pairie, en faveur de Charles de Bourbon; il mena ensuite ce dernier en Italie, où il se comporta vaillamment. Quand le roi fut fait prisonnier, à la bataille de Pavie, Bourbon ne voulut point accepter la régence; toutefois, il ne cessa pas de travailler à la délivrance de François Ier, et il continua à le bien servir quand ce monarque fut rendu à ses sujets.

CHAPITRE VIII.

SUR LES PRONOMS PERSONNELS.

(418 à 440.)

1. — L'orgueil ne veut pas devoir, et l'amour-propre se refuse à payer.

2. — Il est plus honteux de se défier de ses amis que d'en être trompé.

3. — Peu de gens sont assez sages pour préférer le blâme qui leur est utile, à la louange qui les trahit.

4. — Les vertus se perdent dans l'intérêt, comme les fleuves se perdent dans la mer.

5. — Mais où cherché-je ailleurs ce qu'on trouve chez nous ?

6. — Toujours est-il vrai que vous n'avez pas fait ce que vous aviez promis.

7. — Encore eût-il été préférable que vous fussiez venu vous-même.

8. — Accordez-moi votre amitié; si vous me la refusez, j'en serai vivement affecté.

9. — Comment a-t-elle pu te faire consentir à cela?

10. — Il semble que Valdo ait eu un bon dessein, et que la gloire de la pauvreté évangélique l'ait séduit, lui et ses partisans.

11. — Veillé-je? puis-je en croire un semblable dessein ?

12. — Tu vas à l'église? Mènes-y-moi.

13. — Puisque tu as ta voiture, donnes-y-moi une place.

14. — Nous voudrions bien aller chez M. le préfet, menez-nous-y.

15. — Il t'attend à sa maison de campagne, transportes-y-toi.

16. — Fuyez la voie des méchants ; n'y passez point ; détournez-vous-en, et ne vous y arrêtez point.

17. —. . . . . . Regardez-moi durant cet entretien,
    Et, jusqu'au moindre mot, imprimez-le-vous bien.

18. — Cette somme d'argent m'a été volée ; rendez-la-moi.

19.— Va, dis-leur qu'à ce prix je leur promets de vivre.

20. — Voici les livres qu'elle m'a prêtés ; rendez-les-lui à elle-même.

21. — Je ne puis me commander à moi-même, et je commande au monde entier.

22. — Nous avons dit et nous allons prouver qu'il n'y a pas de bonheur sans la vertu.

23. — Vous ne le voulez pas et vous le voulez tour-à-tour.

24. — Je n'irai pas, ou j'irai, selon qu'il me fera plaisir.

25. — Il me flatte et me loue.

26. — Les grandes prospérités nous aveuglent, nous transportent, nous égarent.

27. — Il s'est instruit et s'est acquis beaucoup d'estime par ses lumières.

28. — Dans les temps de trouble et de révolution, tout homme qui s'obstine à vivre juste et vertueux, parmi ceux qui ne le sont pas, doit périr tôt ou tard.

29. — Miracle ! criait-on, venez voir dans les nues
    Passer la reine des tortues.
    La reine ? — Vraiment oui, je la suis en effet.

30. — Catherine de Médicis était jalouse de son autorité, et elle le devait être.

31. — Si c'est effacer les sujets de haine que vous avez contre moi, que de vous recevoir pour ma fille, je veux bien que vous la soyez.

32. — La noblesse donnée aux pères, parce

qu'ils étaient vertueux, a été donnée aux enfants afin qu'ils le devinssent.

33. — Êtes-vous les héritiers du défunt ? — Nous les sommes.

34. — Je veux être mère, parce que je le suis, et c'est en vain que je ne le voudrais pas être.

35. — Ne me trompé-je pas en vous croyant ma nièce ? Oui, Monsieur, je la suis.

36. — Une pauvre fille demande à être chrétienne, et l'on ne veut pas qu'elle le soit.

37. — Mais je naquis sujette et je le suis encore.

38. — Je ne suis contente de personne; je ne le suis pas même de moi.

39. — Il veut que je vous voie et vous ne le voulez pas.

40. — Il m'a plu et il m'a enchanté.

41. — On n'accueille jamais comme elles devraient être accueillies des observations faites dans de bonnes vues.

CHAPITRE IX.

SUR LES PRONOMS DÉMONSTRATIFS.

(441 à 450.)

1. — Ce qui nous empêche souvent de nous abandonner à un seul vice, c'est que nous en avons plusieurs.

2. — Ce qui me révolte le plus, c'est de voir les hommes puissants abuser de leur pouvoir.

3. — Ce qui excite l'envie, c'est un bien que

nous voyons possédé par d'autres et que nous souhaiterions pour nous-mêmes.

4. — Celui que vous voyez, vainqueur de Polyphonte,
C'est le fils de vos rois, c'est le sang de Cresfonte,
C'est le mien, c'est le seul qui reste à ma douleur.

5. — Ce que vous voyez est la demeure d'un grand homme.

6. — Ce que vous avez dit est faux.

7. — Le plus dangereux ridicule des vieilles personnes qui ont été aimables , c'est d'oublier qu'elles ne le sont plus.

8. — S'élever contre le goût du public, attaquer un ouvrage qui jouit de toute sa faveur, c'est faire preuve de quelque courage.

9 — Ce n'étaient plus ces jeux, ces festins et ces fêtes.

10 — Ce furent des Phéniciens qui, les premiers, inventèrent l'écriture.

11. — C'est nous qui avons été vous rendre visite ce matin.

12. — Soldats, souvenez-vous que c'est vous qui décidez du sort d'une bataille.

13. Ce sont eux qui ont renoncé à leurs honneurs et à leurs dignités.

14. — C'est le maire et l'adjoint qui ont exigé ce changement.

15. — Ce qui me plaît dans cet ouvrage, c'est l'harmonie du style et la profondeur des pensées.

16. — Les lois règlent les mœurs des citoyens; si celles-là sont bonnes, celles-ci le seront aussi.

17. — Un citoyen romain qu'on frappait de verges ne fit entendre d'autres cris que celui-ci : Je suis citoyen romain.

18. — Ce n'est pas assez que d'avoir de grandes qualités, il faut encore savoir les économiser.

19. — Celui qui est ce qu'il paraît fera ce qu'il a promis.

20, — La véritable éloquence consiste à dire tout ce qu'il faut, et à ne dire que ce qu'il faut.

CHAPITRE X.

SUR LES PRONOMS POSSESSIFS, LES PRONOMS RELATIFS ET LES PRONOMS INDÉFINIS.

(451 à 472.)

1. — J'ai reçu votre lettre du 15 du mois passé, qui s'est croisée avec la mienne du même jour.

2. — Profitez de votre jeunesse pour acquérir de la science.

3. — Les nôtres, à ce cri, de leurs vaisseaux répondent.

4. — En plaignant les autres, nous nous consolons nous-mêmes : en partageant leurs malheurs, nous sentons moins les nôtres.

5. — Parce qu'un fort grand bien s'est venu joindre au vôtre,
A peine à nos discours répondez-vous un mot.
Quand on est plus riche qu'un autre,
A-t-on droit d'en être plus sot?

6. — Un fleuve paisible a ses rives fleuries.

7. — Nous devons nous prêter aux faiblesses des autres,
Leur passer leurs défauts comme ils passent les nôtres.

8. — L'ouvrage dont vous m'avez parlé ne m'a pas complètement satisfait.

9. — La Seine, dans le lit de laquelle viennent se jeter l'Yonne, la Marne et l'Oise.

10. — C'est un effet de la divine Providence, lequel attire l'admiration de tout le monde.

11. — Aussitôt que je fus débarrassé des affaires de la cour, j'allai trouver l'homme qui m'avait parlé du mariage de madame de Miramion, lequel me parut dans les mêmes sentiments.

12. — L'hymen vous lie encore aux dieux dont vous sortez.

13. — Les alliés de Rome, indignés et honteux tout à la fois de reconnaître pour maîtresse une ville d'où la liberté paraissait être bannie pour toujours, commencèrent à secouer un joug qu'ils ne portaient qu'avec peine.

14. — Misérable! et je vis! et je soutiens la vue
De ce sacré soleil dont je suis descendue!

15. — Ma sœur disait hier à ma cousine : Quelque mine qu'on fasse, on est toujours bien aise d'être jolie.

16. — Personne n'est surpris de me voir passer l'hiver à la campagne ; mille gens du monde en ont fait autant ; on est toujours séparés, mais on se rapproche par de longues et de fréquentes visites.

17. — Si l'on veut vivre tranquille, il faut mépriser les propos des sots, la haine des envieux, l'insolence des riches.

18. — Ce que l'on conçoit bien s'énonce clairement.

19. — On apprend bien plus facilement les choses que l'on comprend que celles que l'on ne comprend pas.

20. — C'est d'un roi que l'on tient cette maxime auguste,
Que jamais on n'est grand qu'autant que l'on est juste.

21. — Je ne veux pas qu'on le tourmente.

22. — On estime la vie par-dessus tout, et on la prodigue comme si elle devait durer toujours.

23. — On a vu la gloire sortir d'une source déshonorée.

24. — On met à l'abri des coups du sort ce qu'on donne à ses amis.

25. — Un habile homme doit régler le rang de ses intérêts, et les conduire chacun dans son ordre.

26. — Les hommes devraient avoir, chacun pour leur propre intérêt, de l'amour les uns pour les autres.

27. — Ils ont tous apporté des offrandes au temple, chacun selon ses moyens et sa dévotion.

28. — Alexandre voulut que les bêtes mêmes et les murailles des villes témoignassent, chacune en leur manière, leur douleur de la mort d'Éphestion.

29. — On se battait pour avoir le pillage du camp ennemi, après que le vainqueur et le vaincu se seraient retirés chacun dans sa ville.

30. — La plupart des commentateurs se sont donné la peine de dessiner cet édifice chacun à sa manière.

31. — Les langues ont chacune leur bizarrerie.

32. — Ils ont rempli chacun leur devoir.

33. — Personne a-t-il jamais raconté plus naïvement que La Fontaine?

34. — Y a-t-il personne d'assez hardi pour oser entrer en lice contre moi?

35. — Je n'ai vu personne de si vain que ces deux femmes.

36. — Il y a en Sorbonne des personnes très-savantes et très-discrètes.

37. — La modération des personnes heureuses vient du calme que la bonne fortune donne à leur humeur.

38. — Un grand défaut consiste à entasser des figures incohérentes qui se détruisent les unes les autres : que de jeunes écrivains sont sujets à ce défaut!

39. — Exposés tout entiers, l'un et l'autre s'avancent.

40. — Que la condition des hommes est misérable! Ils ne savent pas s'estimer les uns les autres.

41. — Que ce soit penchant ou raison, ou peut-être l'un et l'autre, j'aime cet auteur.

42. — J'ai lu l'Iliade et l'Énéide, l'une et l'autre m'ont enchanté.

43. —Virgile et Horace s'aimèrent l'un l'autre.

44. — Les hommes ne sont que des victimes de la mort, qui doivent au moins se consoler les uns les autres.

45. — L'un et l'autre rival, s'arrêtant au passage,
    Se mesurent des yeux, s'observent, s'envisagent.

46. — Les peuples souffrent beaucoup de la guerre que les états se font les uns aux autres.

47. — Déjà, par une porte au public moins connue,
    L'un et l'autre consul vous avaient prévenue.

48. — Charles XII, roi de Suède, éprouva ce que la prospérité a de plus grand et ce que l'adversité a de plus cruel, sans avoir été amolli par l'une, ni ébranlé par l'autre.

49. — L'obstination des rebelles est telle qu'on ne doit pas espérer d'en venir aisément à bout.

50. — Je vous enverrai votre robe telle que vous me l'avez demandée.

CHAPITRE XI.

SUR TOUS LES PRONOMS.

RÉCAPITULATION DE CE QUI PRÉCÈDE.

(418 à 472.)

1. — C'étaient là mes plaisirs.

2. — Ce qui nous rend la vanité des autres insupportable, c'est qu'elle blesse la nôtre.

3. — Chacun de ses rayons, dans sa substance pure,
Porte en soi la couleur dont se peint la nature.

4. — C'est assez entretenir le lecteur d'un ouvrage médiocre dont on n'eût pas parlé sans les raisons qui ont été données en commençant cet article.

5. — Après avoir abdiqué la couronne, ce prince farouche manifesta des regrets amers sur l'impossibilité de ne pouvoir en jouir plus longtemps.

6. — Mais qui peut altérer vos bontés paternelles?
Vous seule, vous, ma fille, en abusant trop de ces bontés.

7. — Il se souvient de vos bontés, et il en est pénétré.

8. — Pénélope, ne nous voyant revenir, ni lui ni moi, n'aura pu résister à tant de prétendants.

9. — Tamerlan, après avoir détruit Bagdad, en fit massacrer, sans distinction d'âge ni de sexe, les huit cent mille habitants.

10. — C'est le sentiment de mon frère et le mien.

11. — La cinquième époque est celle de la fondation du temple de Jérusalem, époque qui ne finit qu'à la première année de Cyrus.

12. — Mais qui peut refuser son hommage à la rose,
La rose dont Vénus compose ses bouquets,
Le printemps sa guirlande, et l'amour ses bosquets.

13. — La bonté du Seigneur, de laquelle nous ressentons tous les jours les effets, devrait bien nous engager à pratiquer ses commandements.

14. — L'égoïsme est un vice presque général dans le siècle où nous vivons.

15. — La maison de campagne d'où je sortais quand vous m'avez rencontré, a été brûlée cette nuit.

16. La maison princière dont il était sorti, comptait déjà plus d'un héros.

17. — Ce furent nos ancêtres qui jetèrent les fondements de cette loi.

18. — Ce qui me tourmente, c'est qu'on m'interrompe à chaque instant.

19. — Ce qui m'indigne, ce sont les injustices qu'on ne cesse de faire.

20. — Le corps périt, l'ame est immortelle; cependant tous les soins sont pour celui-là, tandis qu'on néglige celle-ci.

21. — Il termina en disant : Ceci n'est que risible, mais cela me paraît atroce.

22. — La paresse est un défaut que l'on corrige rarement.

23. — Remettez ces médailles chacune à sa place.

24. — Si jamais personne est assez hardi pour l'entreprendre, il réussira.

25. — Mais il se craint, dit-il, lui-même plus que tous.

26. — Je vous embrasse et vous aime, et je vous le dirai toujours.

27. — Ces peines sont bien cruelles; je les ai senties et je les sentirai longtemps.

28.— Tous vos désirs, Esther, vous seront accordés,
Dussiez-vous, je l'ai dit et je veux bien le redire,
Demander la moitié de ce puissant empire.

29. — Vous le dites et vous ne le pensez pas, mais vous faites semblant de le croire.

30. — Il n'envoie ni ne reçoit de lettres.

31. — L'idée de ses malheurs le poursuit, le tourmente, l'accable.

32. — Il nous ennuie et nous obsède sans cesse.

33. — Quand je me fais justice, il faut qu'on se fasse justice.

34. — J'aurais voulu me procurer le plaisir de faire sa connaissance.

35. — C'est une excellente jument; mais je ne m'en suis pas encore servi.

36. — Elle demande ses gages; donnez-les-lui.

37. — Quand je vois les nids des oiseaux formés avec tant d'art, je demande quel maître leur a appris les mathématiques et l'architecture.

38. — Ces murs sont mal faits ; on ne leur a pas donné assez de talus.

39. — Les personnes consommées dans la vertu ont une droiture d'esprit qui les empêche d'être médisantes.

40. — Les vertus n'ont qu'un intérêt commun; les passions ont chacune leur intérêt particulier.

41. — Une femme peut être aimable sans beauté ; mais il est bien rare qu'elle le soit sans un esprit cultivé.

42. — Je ne suis point sa mère, mais lors même que je la serais, je ne saurais lui être plus attachée que je ne le suis.

43. — Je dis du bien de toi,
    Tu dis du mal de moi ;
Damon, quel malheur est le nôtre !
On ne nous croit ni l'un ni l'autre.

44. — Dans les ouvrages de l'art, c'est le travail et l'achèvement que l'on considère.

45. — Je pardonne à la main par laquelle Dieu m'a frappé.

46. — Ce sont eux qui lui montreront de quoi il peut s'applaudir.

47. — C'était nous qui étions malheureux.

48. — Ce n'étaient plus ces jeux, ces festins et ces fêtes,
    Où de myrte et de rose ils couronnaient leurs têtes.

49. — Un magistrat intègre et un brave officier sont également estimables : celui-là fait la guerre aux ennemis domestiques, celui-ci nous protége contre les ennemis extérieurs.

50. — Si la religion était l'ouvrage de l'homme, elle en serait le chef-d'œuvre.

51. — Tel est l'avantage ordinaire
    Qu'ont, sur la beauté, les talents :
Ceux-ci plaisent dans tous les temps,
Celle-là n'a qu'un temps pour plaire.

52. — Le véritable éloge d'un poète, c'est qu'on retienne ses vers.

53. — La gloire à laquelle je me suis dévoué.

54. — Chaque femme devrait se dire : On n'est pas toujours jeune et jolie.

55. — La vie est un dépôt confié par le ciel ;
Oser en disposer c'est être criminel.

56. — Êtes-vous les héritiers du défunt? — Nous les sommes.

57. — On peut à peu près tirer le même avantage d'un livre où l'on a gravé ce qui nous reste des antiquités de Rome.

58. — Le premier pas, mon fils, que l'on fait dans le monde,
Est celui dont dépend le reste de nos jours.

59. — Voulez-vous savoir ce que c'est que l'ode? Contentez-vous d'en lire de belles ; vous en verrez d'excellentes chacune en son genre.

60. — Les abeilles, dans un lieu donné, tel qu'une ruche, ou le creux d'un vieux arbre, bâtissent chacune leur cellule.

61. — Mais la mollesse est douce et la suite en est cruelle.

62. — Les deux charrettes perdirent chacune leur essieu.

63. — Ils se réunissaient les uns et les autres contre l'ennemi commun.

64. — L'un et l'autre, à mon sens, ont le cerveau troublé.

65. — Il pleurait de dépit, et il n'alla pas trouver Calypso, errante dans les sombres forêts.

66. — Chercher des vérités morales quand on ne peut en trouver, c'est évidemment courir après les erreurs, les paradoxes et les mensonges.

67. — Quel plaisir trouve-t-on, dans les sociétés, à mal parler les uns des autres? Assurément, il est d'autres choses dont on pourrait s'occuper.

68. — Si l'on traitait ce sujet comme il devrait être traité, et que l'on continuât jusqu'au bout, on rendrait un grand service aux lettres.

69. — Faire des prisonniers, enlever un poste aux ennemis, monter à l'assaut, c'était ce qu'une dame exigeait de son chevalier.

70. — Il me présenta son fils et sa fille ; celle-ci entrait dans son printemps, celui-là finissait son quatrième lustre.

CHAPITRE XII.

SUR LE SUJET ET L'ACCORD DES VERBES.

(473 à 493.)

1. — La vertu suffit à son bonheur, et le sage, dans quelque situation qu'il se trouve, est toujours heureux et satisfait.

2. — Licinius étant venu à Antioche, et se doutant de l'imposture, fit mettre à la torture le prophète de ce nouveau Jupiter.

3. — En un mot, qui voudrait épuiser ces matières,
Peignant de tant d'esprit les diverses manières,
Compterait plutôt combien dans un printemps
Guénaud et l'antimoine ont fait mourir de gens.

4. — Le père et la mère donnent les maisons et les richesses ; mais c'est proprement le Seigneur qui donne à l'homme une femme sage.

5. — Car c'est le Seigneur qui donne la sagesse, et c'est de sa bouche que sortent la prudence et la sagesse.

6. — Pourquoi n'ai-je point écouté la voix de ceux qui m'enseignaient, ni prêté l'oreille à mes maîtres ?

7. — Là s'arrêtaient vos vœux et non mon espérance.

8.—Ceux que l'on condamne au supplice affectent quelquefois une constance et un mépris de la mort qui ne sont en effet que la crainte de l'envisager; de sorte qu'on peut dire que cette constance et ce mépris sont à leur esprit ce que le bandeau est à leurs yeux.

9. — Le bonheur et le malheur des hommes ne dépendent pas moins de leur humeur que de la fortune.

10. — La Discorde accourut; le démon de la guerre,
La mort pâle et sanglante étaient à ses côtés.

11. — Si tu as acheté ce qui est superflu pour toi, tu ne tarderas pas à vendre ce qui t'est le plus nécessaire.

12. — Pour opérer le salut public, il faut que la sagesse et la puissance se trouvent réunies.

13. — Ayant été l'ami de ce malheureux poète, j'ai vu avec plaisir qu'il n'y avait pas que moi qui susse apprécier son mérite.

14. — O toi, qui des vainqueurs renversas les projets !

15. — M. Necker est l'un des hommes qui ont le mieux connu l'importance de l'opinion publique et la vanité de la gloire.

16. — Cette cruauté et cette barbarie sont affreuses.

17. —Approche, heureux appui du trône de ton maître,
Ame de mes conseils, et qui seul tant de fois
Du sceptre dans ma main as soulagé le poids.

18. — Il n'est que moi dans ce pays qui m'intéresse à votre santé; pourquoi douteriez-vous donc que j'en reçusse des nouvelles avec plaisir?

19. — On dit que ton front jaune et ton teint sans couleur
Perdirent, en ce moment, leur antique pâleur.

20. — La sagesse et la piété du souverain peuvent faire toutes seules le bonheur de ses sujets.

21. — L'univers, me dis-je, est un tout im-

mense dont toutes les parties se correspondent.
La grandeur et la simplicité de cette idée élevèrent
mon ame.

22. — C'est moi qui vous en réponds.

23. — L'inconstance et l'agitation sont le propre
partage des choses humaines.

24. — Il fut un de ceux qui travaillèrent le
plus efficacement à la ruine de la patrie.

25. — Le bien et le mal sont dans ses mains.

26. — Le bon emploi du temps est une des
choses qui contribuent le plus à notre bonheur.

27. — Vous et moi, nous sommes contents
de notre sort.

28. — L'ambition, l'amour, l'avarice, la haine,
     Tiennent, comme un forçat, notre esprit à la chaîne.

29. — Je pense que je recevrai aujourd'hui
chez moi l'un de vos parents; on m'a dit en
effet que votre oncle ou votre cousin viendrait
me voir dans la journée.

30. — Il faut être spectateur de la comédie
humaine, comme l'est de la comédie proprement dite un auteur ou un acteur qui va au
théâtre pour y étudier l'art de composer ou de
représenter des pièces dramatiques, et non comme
celui qui, n'étant ni auteur ni acteur, ne va
à la comédie que pour son amusement.

31. — Je n'ai point encore vu de bonnes ré-
ponses à de bons vers : c'est que le génie parle
et que la complaisance ou le devoir répond.

32. — C'est Cicéron ou Démosthène qui a
dit cela.

33. — La peur ou le besoin fait tous les
mouvements de la souris.

34. — Roxane ou le sultan ne te l'a pas ravie

35. — La vivacité ou la langueur des yeux
fait un des principaux caractères de la physio-
nomie.

36. — Vous et moi, nous sommes heureux de vous voir guéri.

37. — Toi et lui, vous êtes de mes amis.

38. — La vertu, de même que le savoir, a son prix.

39. — La force de l'ame, comme celle du corps, est le fruit de la tempérance.

40. — Aristophane, aussi bien que Ménandre,
Charmait les Grecs assemblés pour l'entendre.

41. — Son esprit, non plus que son corps, ne se pare jamais de vains ornements.

42. — L'histoire, ainsi que la physique, n'a commencé à se débrouiller que vers la fin du seizième siècle.

43. — Dans tous les âges de la vie, l'amour du travail, le goût de l'étude sont un bien.

44. — La légèreté, les graces de Théano, sa taille élancée, arrêtaient tous les regards.

45. — De tous côtés s'étendent la terreur, le silence.

46. — Par le rapport des deux Testaments, on prouve que l'un et l'autre sont divins.

47. — L'un et l'autre ont accepté le défi.

48. — Ce n'est ni M. le duc, ni M. le comte qui prétendent à la place d'ambassadeur d'Espagne.

49. — Dans ce cœur malheureux son image est tracée;
La vertu ni le temps ne l'ont point effacée.

50. — Ce ne sera ni M. le duc, ni M. le comte qui sera nommé ambassadeur d'Espagne.

51. — Ni l'un ni l'autre ne fut ébranlé à la vue de la mort.

52. — Ni la douleur ni la force ne l'ébranlèrent.

53. — A l'égard d'Alexandrie, on la divise en deux villes : l'ancienne et la nouvelle; ni l'une ni l'autre ne répondent à la célébrité qu'eut autrefois la ville fondée par Alexandre-le-Grand.

54. — Ce n'est ni Mazarin, ni Richelieu qui ont travaillé efficacement au bonheur du peuple;

ils avaient tout l'esprit nécessaire pour conduire le vaisseau de l'état, mais ils préféraient l'intérêt à la gloire.

55. — Le soleil ni la mort ne se peuvent regarder fixement.

56. — Combien de personnes ne jugent des autres que par la vogue qu'ils ont, ou par la fortune qu'ils possèdent.

57. — O combien d'actions, combien d'exploits célèbres
Sont demeurés sans gloire au milieu des ténèbres!

58. — Peu de gens connaissent la mort ; on ne la souffre pas ordinairement par résolution, mais par stupidité et par coutume; et la plupart des hommes meurent parce qu'on ne peut s'empêcher de mourir.

59. — Une des choses qui font qu'on trouve si peu de gens qui paraissent raisonnables et agréables dans la conversation, c'est qu'il n'y a presque personne qui ne pense plutôt à ce qu'il veut dire, qu'à répondre précisément à ce qu'on lui dit.

60. — Assez de gens méprisent le bien, mais peu savent le faire.

61. — La plupart des jeunes gens croient être naturels, lorsqu'ils ne sont que mal polis et grossiers.

62. — J'ai eu cette consolation dans mes ennuis, qu'une infinité de personnes distinguées sont venues me témoigner toute la part qu'elles y ont prise.

63. — La sagesse, ainsi que la vertu, est la plus touchante parure du sexe.

64. — Une infinité de jeunes gens se perdent, et parce qu'ils lisent des livres impies, et parce qu'ils fréquentent des libertins.

65. — Recevoir sans orgueil et rendre sans peine, sont le devoir d'une ame reconnaissante.

CHAPITRE XIII.

—

SUR LE RÉGIME DES VERBES.

—

(494 *à* 506.)

1. — J'ai un projet de voyage que le peu d'argent, une trop grande chaleur et mille circonstances réunies me forcent de différer pour quelque temps.

2. — Ne vous informez pas de ce que les autres font, mais bien de ce que vous faites vous-même.

3. — Malvina n'abandonna point Ossian, son beau-père; c'est à cette même Malvina, veuve du vaillant Oscar, que le poète Ossian adresse la plupart de ses poèmes celtiques.

4. — Voici de quelle manière écrit certain auteur qu'il ne faut pas que je nomme, et que je crains de nommer.

5. — Avez-vous vu votre père et lui avez-vous dit que vous deviez bientôt abandonner les lieux qui vous ont donné naissance ?

6. — Ce désir violent avec lequel les hommes cherchent un objet qu'ils puissent aimer et dont ils puissent être aimés, naît de la corruption de leur cœur.

7. — L'ouvrage que je vous fais passer a été présenté à l'administration de la guerre, et en a été approuvé, après un mûr examen.

8. — Je crois, comme vous, que les hommes peuvent se nuire beaucoup les uns aux autres, ou s'aider beaucoup mutuellement.

9. — Les liens de la nature et de la société seraient bientôt rompus, si les enfants, sous

quelque prétexte que ce pût être, cessaient de chérir leurs parents.

10. — Ce bon père ne travaille pas seulement pour lui, il songe encore à ses enfants, et à les pourvoir.

11. — Je puis prévoir toutes les objections que vous me ferez sur cette matière, et y répondre.

12. — L'honnête homme est estimé, même de ceux qui n'ont pas de probité.

13. — La poudre à canon fut inventée, dit-on, par le cordelier Berthold Schwartz, vers la fin du treizième siècle; et les bombes le furent par Gallen, évêque de Munster, vers le milieu du seizième.

14. — O Télémaque, aimez vos peuples comme vos enfants; goûtez le plaisir d'être aimé d'eux, et faites qu'ils ne puissent jamais goûter la paix ni la joie sans se rappeler que c'est à un bon roi qu'ils sont redevables de ces précieux avantages!

15. — Un homme livré à l'ambition n'est jamais rebuté par les difficultés qu'il trouve sur son chemin.

16. — Les jeunes gens aiment, par-dessus toutes choses, le repos et l'amusement.

17. — J'ai toujours cherché à vous inspirer du goût pour les mathématiques et pour l'étude de la grammaire.

18. — Je ne crains pas qu'on accuse mon père d'avarice, lui qui consacre au soulagement des pauvres le peu de biens qu'il a amassés.

19. — Je crois que vous jugez ce misérable pamphlet comme il mérite d'être jugé; c'est-à-dire, comme le fruit d'une honteuse intrigue.

20. — Les hypocrites s'étudient à parer des dehors de la vertu, les vices les plus honteux et les plus décriés.

21. — Le physicien arrache à la nature ses secrets.

22. — L'ambition, qui est prévoyante, sacrifie le présent à l'avenir; mais la volupté, qui est aveugle, sacrifie l'avenir au présent.

23. — L'Evangile inspire, aux personnes qui veulent être sincèrement à Dieu, une piété sincère et non suspecte.

24. — Mon innocence est le seul bien qui me reste, laissez-la-moi, cruel.

25. — Allons, monsieur, faites le dû de votre charge, et dressez-lui-moi son procès comme larron et comme suborneur.

26. — Darius fut mal satisfait de l'accueil que lui fit Alexandre; mais il ne put se jouer des menaces de son vainqueur, ni les braver.

27. — Pour l'éloigner de Rome, on envoya Caton dans l'île de Cypre, car on commençait à redouter son influence.

CHAPITRE XIV.

—

SUR L'EMPLOI DES MODES ET DES TEMPS DES VERBES.

—

(507 à 503.)

1. — On demande et le conseil arrête l'ajournement de la séance à demain.

2. — J'ai appris avec douleur, mon ami, que vous êtes malade; ayez bon courage, nous faisons des vœux bien sincères pour votre rétablissement.

3. — J'ai reçu une lettre qui m'annonce que cette épidémie diminuait et que les craintes avaient entièrement cessé.

4. — Nous parvînmes jusqu'à la moitié de la hauteur, où nous trouvâmes une petite chambre

qui paraissait n'avoir été construite que pour servir de lieu de délassement.

5. — Il n'est point étonnant que je n'aie pas reconnu votre parent lorsqu'il est venu chez moi, je n'avais fait que l'entrevoir dans la société où je me suis trouvé ce matin avec lui.

6. — J'ai passé plus d'une demi-heure à vous écrire la longue lettre que vous avez reçue aujourd'hui de moi.

7. — J'ai su par votre lettre que le maire de notre commune a donné sa démission.

8. — Il m'a été dit que votre oncle le conseiller d'état avait donné sa démission à l'époque de la restauration.

9. — Je croyais que votre père me saurait gré de ma démarche.

10. — J'espérais que votre mari me viendrait voir.

11. — Je pensais que cette affaire réussirait.

12. — Il s'en faut bien que nous connaissions toutes vos volontés.

13. — Pourquoi perdez-vous votre temps dans de frivoles amusements? Croyez-vous donc que le temps une fois passé revienne encore?

14. — Prêtez l'oreille à la prudence que je vous montre, afin que vous veilliez à la garde de vos pensées, et que vos lèvres ne disent rien qui ne soit très-convenable.

15. — Un nom peut être régi par deux verbes à la fois, pourvu que ces deux verbes ne veuillent pas un régime différent.

16. — Lorsqu'il renfermait la mer dans ses limites, et qu'il imposait une loi aux eaux, afin qu'elles ne passassent point leurs bornes.

17. — Il fallut qu'au travail son corps, rendu docile,
Forçât la terre avare à devenir fertile.

18. — Pourquoi faut-il que nous ayons assez de mémoire pour retenir jusqu'aux moindres par-

ticularités de ce qui nous est arrivé, et que nous n'en ayons pas assez pour nous souvenir combien de fois nous les avons comptées à une même personne ?

19. — Le roi mourut onze jours après cette blessure, et défendit en mourant que Montgomeri fût inquiété pour ce fait.

20. — N'imitez pas l'exemple de votre ami, bien que vous le citiez souvent ; en effet, tout le monde sait que, lorsqu'il était écolier, il ne faisait rien qui valût.

21. — Non-seulement ils prirent un arrêté tout-à-fait attentatoire aux lois, mais ils demandèrent encore qu'on infligeât une peine très-sévère à ceux qui désobéiraient à cet infame arrêté.

22. — Un décret fort sage fut rendu, décret qui défendait expressément que les mandataires du peuple, quels qu'ils pussent être, fissent à l'avenir des journaux.

23. — Cicéron ne pouvait s'empêcher de voir avec peine qu'il fût hors d'état de rendre service à la république.

24. — Je n'ai rien emporté que ce volume; je l'avais oublié chez vous et je ne savais pas que vous l'eussiez.

25. — Sensibles aux charmes de l'éloquence, les anciens ne pouvaient se persuader que la rhétorique fût une invention humaine ; ils la regardaient comme le plus riche présent qu'ils eussent pu recevoir des dieux.

26. — Il y a plus d'une demi-heure que je l'attends. Je voudrais qu'on me dît pourquoi il ne vient pas.

27. — A quoi tint-il qu'il ne gagnât son procès?

28. — Ils ont voulu que je répandisse le sang d'un frère coupable; je l'ai répandu.

29. — Je craignais que le ciel, par un cruel secours,
Ne vous offrît la mort que vous cherchiez toujours.

30. — Je ne crois pas qu'aucun auteur ait jamais feuilleté autant de dictionnaires que l'a fait mon frère.

31. — Il y avait du délire à penser qu'on eût pu faire périr par un crime tant de personnes, en laissant vivre la seule qui pouvait les venger.

32. — On dirait, à vous voir assemblés en tumulte,
Que Rome, des Gaulois, craigne encore une insulte.

33. — Je ne saurais faire aucune version, sans que vous y trouviez quelque faute à corriger.

34. — Le philosophe Aristippe chargea ses compagnons de dire, de sa part, à ses concitoyens, qu'ils songeassent de bonne heure à se procurer des biens qu'ils pussent sauver avec eux du naufrage.

35. — La vie de Pépin ne fut pas assez longue pour qu'il pût mettre la dernière main à ses projets.

36. — C'est pour que nous donnions, que le Seigneur nous donne.

37. — La vie est faite pour que nous travaillions.

38. — Que l'on cherche partout mes tablettes perdues ;
Mais que, sans qu'on les ouvre, elles me soient rendues.

39. — Il m'a dit d'aller trouver le général, de lui raconter les faits et d'implorer sa justice.

40. — Pourquoi courir chercher une mort certaine ?

41. — Je l'ai autorisé à aller recevoir l'argent qui m'est dû.

42. — J'ai consenti à recevoir sa visite.

43. — J'apprends chaque jour à le connaître et à l'estimer.

44. — Je me suis depuis longtemps habitué à le voir.

45. — Je me plais à vous assurer de toute l'estime que vos vertus m'ont inspirée.

46. — Mon frère a réussi à sauver l'accusé qu'il défendait.

47. — Je vous exhorte à étudier avec attention et persévérance.

48. — Il l'a déterminé à aller se jeter aux pieds de la reine.

49. — J'ambitionne de le voir occuper la place à laquelle son mérite lui donne droit.

50. — J'évite de le voir autant qu'il m'est possible de le faire.

51. — Il néglige toujours de faire les thèmes que je lui donne.

52. — Je souffre de le voir si légèrement vêtu.

53. — Il a tenté de suborner ce témoin ; mais ce dernier n'a pas voulu s'exposer à se faire condamner pour faux témoignage.

54. — Je désire aller vous voir à la campagne.

55. — Mon frère désire d'obtenir le poste de consul à Batavia.

56. — C'est au capitaine à commander et au soldat d'obéir.

57. — J'ai oublié de vous aller voir ; ce n'est point paresse de ma part ; mais j'ai resté si longtemps au lit, que j'ai oublié à marcher.

58. — J'espère recevoir bientôt de vos nouvelles.

59. — Il souhaiterait vivement vous rendre le service que vous réclamez de lui ; mais il pense ne le pouvoir pas.

60. — Je suis très-reconnaissant des égards et des attentions sans nombre que vous avez toujours eus pour moi, et je compte m'en rendre de plus en plus digne.

61. — Chez les Thraces, les femmes renoncent à leur liberté ; dès qu'elles l'ont perdue, les maris les achètent fort cher de leurs parents.

62. — J'ai appris que vous connaissiez la personne avec laquelle j'ai à terminer une affaire ; je vous prie de la faire souvenir de ce qui me regarde.

63. — Quand l'odieux Pygmalion fut mort , il n'y eut pas dans ses états un seul citoyen qui parût le regretter.

64. — Nous avons pensé que la création d'une école devait être délibérée en conseil d'arrondissement et autorisée par le sous-préfet.

65. — Voiture a dit : J'oublie que je suis malheureux, quand je songe que vous ne m'avez pas oublié.

66. — Voilà bien des fautes typographiques dans cet ouvrage qu'on disait très-soigné; et c'est moi qui, le premier, me suis aperçu de celles que personne ne voyait.

67. — Il n'y a peut-être pas de mots dans la langue française qui doivent plus à l'usage que celui dont vous me parlez.

68. — La faute que ce général a faite n'est pas excusable; je ne pense pas que celui qui compromet le salut d'une armée entière puisse être digne de pardon.

69. — Je ne crois pas que vous vouliez rien ajouter aux dépenses excessives que vous faites.

70. — Je suis persuadé que c'est une de nos servantes qui a dérobé l'écrin que nous ne retrouvons plus.

71. — L'Histoire, qui est un recueil d'exemples et de faits intéressants qu'on a rassemblés pour l'instruction du genre humain, doit être, vous en conviendrez, un des objets les plus importants de vos méditations.

72. — La faute la plus légère, une pensée même, peut nous rendre coupable.

73. — Ce fut une des choses qui contribuèrent le plus à lier étroitement ces deux personnes.

74. — Tu ne te serais jamais imaginé que je fusse devenu plus métaphysicien que je ne l'étais.

75. — Il n'y a aucun plaisir qui vaille celui d'une bonne action.

76. — Il était fort surpris que les choses qu'il

avait le mieux aimées ne fussent pas celles qui lui étaient le plus agréables.

77. — Il prétend vous faire payer la somme entière, capital et intérêts.

78. — Et vous vous excusez de m'avoir fait heureux.

79. — Il ne doutait pas que les lois ne soient faites pour secourir les citoyens autant que pour les intimider.

80. — Tout le monde criait pour la liberté et la justice, mais on ne savait point ce que c'est qu'être libre et juste.

81. — Peut-être on vous a dit quelle est mon humeur ?

82. — Qu'est-ce que vous me voulez, mon papa? Ma belle maman m'a dit que vous me demandez.

83. — Il concluait que sagesse vaut mieux qu'éloquence.

84. — Je n'ai pas oublié, prince, que ma victoire
Doit à vos exploits la moitié de sa gloire.

CHAPITRE XV.

___

SUR L'EMPLOI DES AUXILIAIRES.

___

(544 à 551.)

1. — Le baromètre a descendu de quatre degrés pendant la journée.

2. — Elles sont descendues de leur char pour n'y plus remonter.

3. — Ils sont descendus beaucoup plus vite qu'ils n'étaient montés.

4. — Nous sommes arrivés trop tard pour vous faire nos adieux.

5. — Notre ami n'a pas été plutôt arrivé à la campagne, qu'il y est tombé dangereusement malade.

6. — Il fit assembler sa troupe, et, étant monté sur une colline, il harangua ses soldats en ces termes.

7. — Louis XVI est monté bien jeune sur le trône de ses aïeux.

8. — Mon frère est retourné sur ses pas pour vous chercher.

9. — Il sera résulté de toute cette discussion, que vous serez moins attachés l'un à l'autre que vous ne l'étiez auparavant.

10. — J'ignore comment il pourra s'excuser d'avoir contrevenu à mes ordres.

11. — Ils ont disparu à mes yeux.

12. — Il a échoué dans sa candidature.

13. — Vous avez couru trop tard après lui, il vous est échappé.

14. — C'est par les Phéniciens que la mer est devenue le lien de la société.

15. — Si j'étais entré dans l'église, j'y aurais prié Dieu.

16. — Ces braves gens ont péri malheureusement.

17. — Ces braves gens ont péri dans la traversée de France en Amérique.

18. — Vous avez découvert dans cette science certains secrets qui ont échappé à Sénèque.

19. — Ce que vous venez de dire m'a échappé.

20. — Cette indiscrétion est échappée à sa jeunesse.

21. — Ce nom m'était échappé.

22. — Jamais il ne m'est échappé une parole qui pût découvrir le moindre secret.

23. — Seigneur, quelque Troyen vous est-il échappé ?

24. — Pourquoi êtes-vous demeuré en aussi beau chemin ?

25. — Il est demeuré court en haranguant le roi.

26. — De tant de biens qu'il avait, il ne lui serait rien resté, sans les peines que j'ai prises.

27. — J'ai resté sept mois à Colmar, sans sortir de ma chambre.

28. — Le reste du mystère
Au fond de l'arbre est demeuré

29. — Sa plaie a demeuré huit jours à se fermer.

30. — On l'avait envoyé à l'université de Sienne, où il avait resté plusieurs années.

31. — Vous savez les malheurs qui sont arrivés dans cette île, puisque vous m'assurez que vous avez été la visiter depuis que j'en suis parti.

32. — Il est monté par degrés au poste brillant qu'il occupe.

CHAPITRE XVI.

SUR LES QUATRE DERNIERS CHAPITRES.

RÉCAPITULATION.

1. — Ce général a su non-seulement se maintenir dans la position qu'il a choisie depuis deux mois, mais encore obtenir, dans plusieurs occasions, des avantages marqués sur ses ennemis, avantages qui ont préparé la conclusion de la paix.

2. — Là, soit que le soleil rendît le jour au monde,
Soit qu'il finît sa course au vaste sein de l'onde,
Sa voix faisait redire aux échos attendris
Le nom, le triste nom de son malheureux fils.

3. — On peut, en agissant ainsi, s'exposer à une humiliation, comme on est souvent exposé à la colère, à la vengeance et à la cruauté des hommes.

4. — La plupart des amis dégoûtent de l'amitié.

5. — Lycurgue, ce fameux législateur de Lacédémone, voulant faire connaître au peuple grossier qu'il instruisait, quelle était la force d'une bonne éducation, fit amener devant eux un levrier dont il avait gâté le naturel, et un petit chien qu'il avait dressé à la chasse.

6. — Je voudrais vous voir apprendre et mettre en pratique les règles que nous vous avons données sur l'art important de la parole, et je vous y engage.

7. — J'ai lu avec un vif intérêt l'excellent ouvrage que vous m'avez envoyé ce matin, et je vous en remercie.

8. — On prétend que cet homme, s'étant retiré à Samos, où il décéda, son corps fut mis dans un sac et jeté à la mer.

9. — Ce vieillard vint à nous, nous regarda et nous dit, avec cette noblesse, cette dignité qui annoncent un homme au-dessus de sa profession : Étrangers, que j'aie le plaisir de vous entendre, si je n'ai pas celui de vous voir ; j'ignorais quel homme ou quel dieu avait eu pitié de ma misère.

10. — Le lieu que vous m'indiquiez ce matin, me paraît bien propre à y asseoir un camp de dix mille hommes.

11. — L'une des choses qui m'ont le plus frappé chez les Spartiates, c'est leur fermeté et leur courage dans l'adversité.

12. — Ce roman est un des ouvrages les plus agréablement écrits qui soient sortis de la plume du comte de Tressan.

13. — Le bonheur et la tranquillité sont ordinairement le partage de l'homme assez sage pour mériter les richesses.

14. — Vous et votre oncle qui est revenu de

la campagne, vous viendrez voir la maison fort agréable que j'ai achetée à une demi-lieue de Chartres.

15. — Ni la fière opulence, ni la suprême autorité ne rendront l'homme si heureux qu'il peut l'être.

16. — Une chaumière, une cabane même, peut servir à celui qui sait se borner et se contenter de peu de chose.

17. — Beaucoup de philosophes de l'antiquité étaient éclairés; la plupart ont cru que l'ame est immortelle.

18. — Je ne puis, disait une femme à son mari, être insensible aux soins que vous prenez pour me rendre heureuse; croyez bien que je le suis et que c'est à vous seul que je dois mon bonheur.

19. — Vous ne vous bornez pas à me donner tout ce dont j'ai besoin, vous allez jusqu'à céder à toutes mes fantaisies, et même jusqu'à les prévenir.

20.—D'adorateurs zélés, à peine un petit nombre,
   Osent des premiers temps nous retracer quelque ombre.

21. — Que ne peuvent le courage et une volonté ferme ?

22. — Ni l'amour, ni la haine ne nous suivent dans la tombe.

23. — Le tigre est peut-être le seul animal dont on ne puisse fléchir la nature.

24. — Le prisonnier qu'on devait juger s'est échappé des mains des gendarmes.

25. — Je n'ai resté que six jours à Brest.

26. — Quoique Scipion aimât la gloire, il la cherchait dans ses actions et non dans le témoignage des hommes.

27. — Votre ami me disait souvent qu'il ne portait envie qu'à ceux qui, plus que lui, pratiquaient la vertu et y étaient attachés.

28. — Mon unique consolation est la philosophie et l'amitié.

29. — C'est à l'instruction publique, qu'on n'a pas encore consolidée, que nous sommes re-

devables de la régénération future des mœurs.

30. — Je ne saurais vous exprimer combien je déteste les personnes qui n'ont d'autre occupation que de flatter, et combien elles me font horreur.

31. — Il n'y a que l'homme occupé de ses plaisirs, qui croie que chacun dans ce monde ne doit penser qu'à ses intérêts, à lui.

32. — On a rarement vu un poète s'avouer vaincu par un autre.

33. — Je conçois que vous n'ayez pas eu le temps de venir me voir, mais je ne conçois pas que vous n'ayez pas trouvé celui de m'écrire.

34. — Aristide fut, dit-on, un de ceux qui rendirent les plus grands services à la république.

35. — Vous voulez que je me rappelle tout ce que j'ai fait dans ma vie : il faudrait pour cela que j'eusse une mémoire d'ange, et je n'ai que celle d'un soldat.

36. — En gravissant cette montagne, nous avons eu lieu de nous convaincre, ce matin, que le bonheur habite souvent les lieux agrestes et solitaires.

37. — Je ne crois pas que ce jeune homme, dont la vie se passe dans les plaisirs, ait beaucoup de goût pour l'étude.

38. — Il disait souvent que la vérité vaut mieux que le mensonge.

39. — Nous tenons à la vie par l'espérance du mieux, mais trop d'épines et de maux l'assiégent pour que nous désirions de renaître.

40. — Je doute que ce vocabulaire, si son auteur l'avait mis au jour, eût été présenté à la république de Genève, ni accepté par elle.

41. — Ce dont je suis fâché, c'est qu'il mette toujours la vertu à si haut prix, qu'il faille y renoncer en quelque sorte.

42. — Il n'y a que vous, mon ami, qui vous mêliez ici de tout ce qui ne vous regarde pas.

43. — Quoique elle n'eût que quinze ans, elle

pouvait voir néanmoins combien la piété procurait de véritable gloire.

44. — Il faut que vous ayez pensé que je sois devenu bien indifférent à tout ce qui vous concerne, pour que je n'aie appris que par la voie des journaux votre promotion à cette place éminente.

45. — Je ne crois pas que cet empire soit échu au prince dont vous parlez ; il avait péri avant que le royaume de son père passât en d'autres mains.

46. — Cette voiture arrivait assez en ligne droite pour qu'on pût l'éviter ; aussi m'étonné-je que ce fâcheux événement soit arrivé.

47. — Ce qui fit bien voir qu'il avait suivi la véritable route, c'est l'excès choquant où, quelque temps après, Ronsard est tombé.

48. — Combien de gens de lettres, de savants distingués ont cherché, au sein des écoles centrales, un état qui les mît à même de former des disciples et de cultiver les sciences et les lettres, qui font leurs plus chères délices.

49. — Toutes les puissances barbaresques ont reçu ordre de relâcher tous leurs esclaves, à quelque nation qu'ils appartinssent.

50. — Il n'y a que le génie et le talent qu'on ne puisse pas enchaîner.

51. — Une pâleur de défaillance, une sueur froide se répand sur tous ses membres.

52. — Chaque état et chaque âge a ses devoirs.

53. — La grandeur et la simplicité de cette idée élevèrent mon ame.

54. — Non-seulement tous ses honneurs et toutes ses richesses, mais toute sa vertu s'évanouit.

55. — Ce sera son père ou sa mère qui obtiendra de lui cette grace.

56. — Notre perte ou notre salut n'est pas

une affaire qui nous intéresse quand nous nous abandonnons au plaisir.

57. — En quelque endroit des terres inconnues que la tempête ou la colère de quelque divinité l'ait jeté.

58. — Peut-être qu'un jour, ou la honte, ou l'occasion, ou l'exemple leur donnera un meilleur avis.

59. — L'amour ou l'ambition ont produit de grandes actions.

60. — On appelle baillage la maison dans laquelle le bailli ou son lieutenant rendent la justice.

61. — C'est toi ou moi qui avons fait cette faute.

62. — C'est lui ou toi qui m'avez pris mon livre.

63. — Les hommes, les femmes, les enfants, chacun cherchait son salut dans la fuite.

64. — Vieillards, femmes, enfants, nul n'échappa au carnage.

65. — La force, comme la beauté, est une chose dont on n'abuse que trop souvent.

66. — L'un et l'autre me trompent.

67. — Ils m'aperçoivent en même temps; je prends la fuite, l'un et l'autre me poursuivent.

68. — J'ai vu le père et la mère, l'un et l'autre m'ont offert leur fille en mariage.

69. — L'un et l'autre à la reine ont-ils osé prétendre?

70. — Ni l'un ni l'autre n'est mon père.

71. — On leur avait ordonné d'attaquer ce poste, il ne l'ont point attaqué; ni l'un ni l'autre n'ont fait leur devoir.

72. — Ni l'or ni la grandeur ne nous rendent heureux.

73. — Ni l'un ni l'autre ne doit être mis en parallèle avec Euripide ni avec Sophocle.

74. — Le passage du Rhin est une des plus merveilleuses actions qui aient été faites.

75. — Ce dessin m'a fourni une des scènes qui ont le plus réussi dans ma tragédie.

76. — Cinquante hommes ont péri dans cette tempête.

77. — Je reviens seul; tous mes soldats sont péris.

78. — Nous acceptons cette condition et nous y consentirons.

79. — Je suis parti cette semaine pour la campagne.

80. — Il m'a toujours répété que la vertu est le premier devoir de l'homme.

81. — J'ai appris que ma sœur se trouvait chez vous quand mon père a été vous voir.

82. — En allant chez vous, je comptais que vous me recevriez mieux.

83. — Quelle espérance avez-vous que jamais il réponde à tous les soins que vous lui prodiguez?

84. — J'ai gagné mon procès; mais, pour y parvenir, il a fallu que j'aie fait beaucoup de démarches.

85. — Vous auriez été mécontent que j'écrivisse à mon père sans vous en prévenir.

86. — Qu'ai-je fait pour que vous veniez m'adresser des reproches aussi cruels?

87. — Pourquoi préférez-vous aller chercher vous-même les livres dont vous avez besoin?

88. — Je suis retourné sur mes pas quand j'ai vu que vous ne me suiviez point.

89. — A cet aspect, j'ai demeuré plus d'une heure sans mouvement.

90. — Ouvrez les pages de l'Histoire, et vous verrez que les plus grands philosophes ont cru qu'il existe un suprême moteur de tout ce qui respire.

91. — Mon parent m'a chargé de vous dire

qu'il vous renverra infailliblement demain les deux poèmes que vous lui avez prêtés.

CHAPITRE XVII.

—

SUR LE PARTICIPE PRÉSENT, LE GÉRONDIF ET LES ADJECTIFS VERBAUX.

—

(552 *à* 559.)

1. — J'ai vu ces enfants intéressant leurs maîtres, tremblant de leur déplaire, et pleurant quand ils en recevaient le moindre reproche.

2. — Les peuples empressés aux bords de l'Aréthuse,
Pleurant de son départ, admirant sa beauté,
Chargeaient le ciel de vœux pour sa félicité.

3. — Ici, sont des infortunés palpitant encore sous des ruines.

4. — Accompagnée d'une troupe de Nymphes courant dans la plaine, elle mourut d'une blessure qu'un serpent lui fit au talon.

5. — Toutes ces idées, roulant à tout moment dans cette ame farouche, lui inspiraient une rage muette et cachée.

6. — D'autres, flétris par l'âge et de sang épuisés,
Sur leurs genoux tremblants pliant un corps débile,
Ceux-ci courbant un front saintement immobile.

7. — Les rues sont remplies de ces enfants intéressants, tremblants de froid, mourants de faim et sans cesse pleurants.

8. — . . . . Le jeune d'Aubeterre
Voit de sa légion tous les chefs indomptés,
Sous le glaive et le feu, mourants à ses côtés.

9. — Il pleurait de dépit, et il alla trouver Calipso, errante dans les sombres forêts.

10. — Cet enduit forme une pâte molle, mais solide et résistante au feu.

11. — Ces angles, ces fossés, ces hardis boulevarts,
Ces tonnerres d'airain grondants sur les remparts.

12. — L'empereur commençait à redouter l'autorité croissante des pontifes romains.

13. — Ces étoiles sont autant de soleils dont chacun a des mondes roulants autour de lui.

14. — Pleurante à son départ, que Philis était belle !

15. — Ces hommes, que l'on croit si sauvages, sont des êtres vivant comme nous, et obéissant comme nous à leurs penchants.

16. — Ces animalcules, imperceptibles à la seule vue, sont des êtres vivants comme nous, c'est-à-dire, doués comme nous du même principe de vitalité.

17. — Leur bouclier, leur casque, arrêtant leur effort,
Pare encore quelques coups, et repousse la mort.

18. — Ces biens, dépendant de la succession de mon frère, doivent être vendus.

19. — On a vendu tous les biens dépendants de la succession de mon frère.

20. — Délivrer les Chrétiens gémissant dans leurs fers.

21. — Ses cheveux, flottant sur ses épaules, attiraient tous les regards.

22. — Ces enfants avaient de beaux cheveux flottants sur leurs épaules.

23. — Regarde ces Drusus s'élançant vers la gloire ;
Ces Décius mourant pour vivre en la mémoire.

24. — Les vérités qui sont propres à rendre les hommes doux, humains, soumis aux lois, obéissants aux princes, intéressent l'état et viennent évidemment de Dieu.

25. — Les Juifs apprirent la langue chaldaïque, fort approchante de la leur.

26. — L'étalon généreux a le port plein d'audace,
Sur ses jarrets pliants se balance avec grace.

27. — Quand il fallut descendre, nous trouvâmes les marches si étroites que je frémis encore du risque que nous courûmes. Cette descente se fit à reculons, car nous n'osions regarder ni d'un côté ni de l'autre.

28. — Je les tiens enfermés, seuls, tremblants, sans défense.

29. — Je ne doute pas que, intelligents comme vous l'êtes, vous ne compreniez les règles grammaticales que je vous ai enseignées.

30. — O reine, j'aperçois vos restes palpitants !

31. — Assurément j'ai raison de me plaindre, et vous n'avez pas raison de m'accuser, puisque je n'ai rien fait qu'on puisse blâmer.

32. — Je vous ai chargé de ma requête, parce que votre crédit est grand, et que j'en espère un prompt succès.

33. — Et sur nos pas, les arts allumant leur flambeau.

34. — C'est en usant de la vie qu'on en connaît le prix.

35. — Dans ma promenade, j'ai rencontré votre sœur qui lisait dans un bosquet écarté.

36. — Ces serpents odieux de la littérature,
Abreuvés de poisons et rampants dans l'ordure,
Sont toujours écrasés sous les pieds des passants.

37. — En vous accordant cette faveur, je me procure une véritable jouissance.

38. — Abondante en richesse, en puissance, en crédit,
Je demeure toujours la fille d'un proscrit.

CHAPITRE XVIII. (1)

SUR LE PARTICIPE PASSÉ.

(560 à 589.)

1. — Que de remparts détruits ! que de villes forcées !
Que de moissons de gloire, en courant, amassées !

2. — La vertu timide est souvent opprimée.

3. — Les gens de mérite étaient connus par les Perses, qui n'épargnaient rien pour les gagner.

4. — Les anciens Grecs étaient généralement persuadés que l'ame est immortelle.

5. — Ils se sont crus perdus, et ils se sont dits étrangers.

6. — Elle s'est laissée tomber.

7. — L'Académie s'est souvenue de sa longue prospérité.

8. — Les droits qu'ils se sont arrogés sont une véritable usurpation.

9. — J'estime, après tout, que ce sont des fautes dont ils ne se sont pas souciés.

10. — Ils se sont aperçus de l'erreur commise.

11. — Les Romains d'aujourd'hui veulent mériter leur nom et suivre l'exemple que leurs ancêtres leur ont donné.

12. — Là, par un long récit de toutes les misères,
Que durant notre enfance ont endurées nos pères.

(1) Les participes étant convenablement écrits dans quelques-uns des exemples cités, les élèves auront à éviter le double écueil, ou de corriger ceux qui ne doivent pas l'être, ou de ne pas corriger ceux qui sont fautifs.

13. — Cet homme conserve avec plaisir le souvenir des maux qu'il a faits à plusieurs familles.

14. — On se rappellera l'ivresse qu'a excitée dans toute la France la musique infiniment agréable du compositeur que nous venons de perdre.

15. — Les disgraces que j'ai essuyées, les peines que j'ai ressenties, m'ont déterminé à entreprendre ce voyage.

16. — Je n'ai pu accepter les services des gens que vous m'avez envoyés et qui se sont venus offrir chez moi.

17. — Il se forma des cabales pour perdre Caton; on blâma hautement les marchés qu'il avait faits pour l'entretien et pour la réparation des édifices publics.

18. — Avant de condamner les serments que j'ai faits.

19. — Si quelque sot te propose de te mesurer avec lui, garde-toi d'en rien faire ; ne sors pas des bornes que t'a prescrites la nature.

20. — Des poisons que lui-même a crus les plus fidèles.

21. — Où sont ces vertus primitives qu'ont chantées les anciens bardes ?

22. — Ce domestique nous a fidèlement servis.

23. — Que de livres nous avons lus !

24. — Ils poussèrent des cris de joie en nous voyant, comme en revoyant les compagnons qu'ils avaient crus perdus.

25. — Rien ne peut suppléer à la joie qu'ont ôtée les remords.

26. — A-t-il pu soupçonner qu'en ce séjour de pleurs
Rampe un être mortel qu'ont flétri les douleurs?

27. — Peut-être devons-nous regretter ces temps d'une heureuse ignorance où nos aïeux vivaient pauvres et vertueux, et mouraient dans le champ qui les avait vus naître.

28. — Deux fois mes tristes yeux se sont vu retracer
Ce même enfant toujours tout prêt à me percer.

29. — Voilà les ennemis que la reine a eus à combattre et que, ni sa prudence, ni sa douceur, ni sa fermeté n'ont pu vaincre.

30. — Pour juger de la propagation miraculeuse de la religion chrétienne, il faut considérer les obstacles qu'elle a eus à surmonter.

31. — Les personnes qu'on a crues avoir été grièvement blessées n'ont reçu que de légères contusions.

32. — Elle s'est chargée d'écrire cette lettre.

33. — Les ennemis qu'il avait contraints de s'éloigner.

34. — Je suis persuadée que la sagesse que vous avez eue de garder le lit vous aura entièrement remise, disait madame de Sévigné.

35. — Une nuée de barbares, que le besoin avait chassés de ces lieux arides.

36. — J'ai supporté la honte et vu de près la mort.
Votre Égiste une fois m'en avait menacée.

37. — Cette nouvelle n'est pas telle que vous me l'avez annoncée.

38. — Cette figure, telle que nous l'avons vue, paraît horrible.

39. — Le peu de talent et de connaissances que Christine avait remarqués en lui ne l'avait pas empêchée de lui confier le soin de ses affaires.

40. — Je ne crois pas que j'eusse besoin de cet exemple d'Euripide pour justifier le peu de liberté que j'ai prise.

41. — Je ne parlerai pas du peu de capacité que j'ai acquise dans les armées.

42. — Nous avions eu cependant des Montaigne, des Charron, des de Thou, des l'Hospital; mais le peu de lumière qu'ils avaient apportée était éteinte.

43. — Un des enfants que j'ai placés au collége a remporté deux prix.

44. — Une des brebis que j'ai vendues à votre père est revenue chez moi.

45. — Il paraît en effet digne de nos bontés ;
Il mérite surtout les pleurs qu'il m'a coûtés.

46. — Si vous saviez toutes les salutations que mon habit m'a values.

47. — Les Asiatiques, très-anciennement civilisés, se sont fait une espèce d'art de l'éducation de l'éléphant, et l'ont instruit et modifié selon leurs mœurs.

48. — Les entreprises qu'elle s'est imaginé devoir réussir ont complètement échoué.

49. — Ce sont des choses qu'ils se sont cru permis de faire et qu'ils se sont imaginé qu'on tolèrerait.

50. — Les anciens se sont plu à raconter la mort singulière du fameux poète Eschyle, qui fut tué, dit-on, par le choc d'une tortue qu'un aigle avait laissée choir.

51. — Saturne, issu du commerce du Ciel et de la Terre, eut trois fils qui se sont partagé le domaine de l'univers.

52. — Les poètes épiques se sont toujours plu à décrire des batailles.

53. — Ils se sont épargné des peines. — Ils se sont cherché querelle.

54. — Elles se sont proposé de nous tromper.

55. — Elles se sont vendu plusieurs objets.

56. — Il est vrai que, lui et moi, nous nous sommes parlé des yeux.

57. — Les grandes causes se sont subordonné les petites.

58. — Avez-vous compté les rois qui se sont succédé sur le trône d'Angleterre depuis Édouard III?

59. — Ces dames se sont ri de la triste mine que nous faisions sous nos habits d'emprunt.

60. — Dans leurs comédies, les Grecs ont toujours peint l'amour comme une faiblesse, quelquefois comme un ridicule, jamais comme une vertu.

61. — Cet habile professeur nous a démontré combien il était important pour nous d'étudier les chefs-d'œuvre des écrivains tant anciens que modernes.

62. — Une suite d'infortunes m'ont jeté sur les côtes de France, où j'ai retrouvé des amis qui m'ont prodigué les généreux secours dont ils se sont imaginé que j'aurais besoin.

63. — La guerre ne se faisait point autrefois comme nous l'avons vu faire du temps de Louis XIV.

64. — Quels beaux paysages j'ai vu dessiner !

65. — Les deux éléphants que nous avons vu amener sont les plus beaux que nous ayons vus depuis longtemps.

66. — Mademoiselle, êtes-vous contente de la tragédie que vous avez vu jouer? — Oui, monsieur, je le suis; les principaux rôles m'ont paru bien remplis.

67. — Ils étaient punis pour les maux qu'ils avaient laissé faire.

68. — C'est une chose que j'ai pensé devoir me convenir.

69. — Étudiez la leçon que vous avez oublié d'apprendre.

70. — Voyez si je n'ai pas oublié la lettre que je vous ai promis d'emporter à la campagne.

71. — Hélas! j'étais aveugle, en mes vœux, aujourd'hui :
    J'en ai fait contre toi, quand j'en ai fait pour lui.

72. — L'usage des cloches est, chez les Chinois, de la plus haute antiquité; nous n'en avons eu en France qu'au sixième siècle de notre ère.

73. — Le règne de Louis XIV est un des plus glorieux qu'il y ait eu en France.

74. — Triomphez, hommes lâches et cruels,

votre victoire est plus grande que vous ne l'avez cru.

75. — Lorsqu'il nous eut fait comprendre que la chose était plus sérieuse que nous ne l'avions pensé.

76. — Sa vertu était aussi pure qu'on l'avait cru d'abord.

77. — Le peu de confiance que vous m'avez témoigné m'a ôté le courage.

78. — Les circonstances dont l'expédition commandée par Néarque fut accompagnée, fournissent des exemples frappants du peu de progrès que les Grecs avaient fait dans la science de la navigation.

79. — Le peu de sûreté que j'ai vu pour ma vie à retourner à Naples, m'a fait y renoncer pour toujours.

80. — Une de vos filles, que j'ai vue ce matin, m'a prévenu que vous viendrez dîner chez moi demain.

81. — Une de vos brebis, que j'ai retrouvée chez moi, venait d'être tondue.

82. — Que de bien n'a-t-elle pas fait pendant le peu de jours qu'elle a régné!

83. — Je n'ai pas eu le temps de m'ennuyer pendant les quinze jours que j'ai resté avec vous.

84. — Combien m'ont semblé longues les années que j'ai vécu loin de vous.

85. — C'est peut-être la plus belle fête qu'il y ait jamais eu.

86. — Il s'est présenté deux de vos amis.

87. — La belle journée qu'il a fait hier!

88. — La nature n'a-t-elle pas imposé une assez grande peine au peuple et aux malheureux, de les avoir fait naître dans la dépendance.

89. — Télémaque prend ses armes, don précieux de la sage Minerve, qui les avait fait faire par Vulcain.

90. — Une effrayante voix s'est alors fait entendre.

91. — N'est-il pas louable d'avoir cherché les plus noires douleurs qu'il a pu, pour donner de l'horreur d'un si détestable abus?

92. — Je lui ai lu mon épître très-posément, jetant dans ma lecture toute la force et tout l'agrément que j'ai pu.

93. — Il a quatre maisons, y compris sa maison de campagne.

94. — Attendu les événements qui se sont passés dans notre ville, elle a décidé de n'y point aller cette année.

95. — Chez les Persans, on enferme le criminel entre deux planches de grandeur d'homme, lesquelles s'emboîtent de manière à ce que tout le corps soit bien enveloppé, excepté les pieds et la tête.

96. — Les succès que vous avez prétendu que j'obtiendrais, n'ont pas répondu à votre attente.

97. — Je me laissai enlever de l'hôtellerie, au grand déplaisir de l'hôte, qui se voyait, par-là, sevré de la dépense qu'il avait compté que je ferais chez lui.

98. — Les a-t-on vus marcher parmi vos ennemis?
Fut-il jamais au joug esclaves plus soumis?

99. — Les grands hommes appartiennent moins au siècle qui les a vus naître et qui jouit de leurs talents, qu'au siècle qui les a formés.

100. — Toute l'Europe sait que je ne l'ai jamais attaquée là-dessus, non pas même lorsqu'on l'a vue entreprendre sur ma succession.

101. — Sire, au jour du péril, les a-t-on vus jamais
Payer de leur honneur ou la vie ou la paix?

102. — Seigneur, dit Tancrède, je viens te confirmer des prodiges que tu n'as pas voulu croire, et qui, en effet, paraissent incroyables.

103. — Monsieur, cette comparaison est bonne, mais elle n'est pas de vous; car je l'ai entendu faire à notre curé.

104. — Les offres de service que je les ai vus faire ne valaient pas celles que je leur ai vu faire.

105. — Le ridicule des femmes savantes n'est pas tout-à-fait poussé à bout ; il y a d'autres ridicules plus naturels dans ces femmes, que Molière a laissés échapper.

106. — Mon sujet s'étendant sous ma plume, je l'ai laissée aller sans contrainte.

107. — O Julie! si le destin t'eût laissée vivre !

108. — De concert avec lui, elle s'était laissé renfermer pour se dérober à des poursuites qui alarmaient sa vertu.

109. — Une personne s'est présentée à la porte; je l'ai fait passer et, à son retour, je l'ai laissée sortir.

110. — Entraîné par le torrent, il se trouva malgré lui hors de la route qu'il avait résolu de suivre.

111. — Il a eu de la cour toutes les graces qu'il a voulu.

112. — Il a lui seul fait plus d'exploits que les autres n'en ont lu.

113. — J'ai perdu plus de pistoles que vous n'en avez gagné.

114. — La crainte de faire des ingrats, ou le déplaisir d'en avoir trouvé, ne l'ont jamais empêché de faire du bien.

115. — Cassius ne cherchait, dans la perte de César, que la vengeance de quelques injures qu'il en avait reçues.

116. — On ne pouvait pas se plaindre de son administration, quoiqu'elle ne répondît pas aux espérances qu'on en avait conçues.

117. — Combien de pleurs m'eût épargnés cette philosophie que vous traitez de grossière!

118. — Le peu d'application que j'ai donnée à

l'étude de la géométrie, m'a suffi pour que je ne fusse pas tout-à-fait novice dans cette science.

119. — Le peu d'exactitude, que j'ai trouvé dans cet ouvrage, ne m'a pas prévenu en faveur de l'auteur.

120. — Je ne parlerai point du peu de capacité que j'ai acquise dans les armées.

121. — Les Numantins, qui en eurent avis et qui furent instruits du peu de précaution qu'ils avaient pris, le poursuivirent à propos.

122. — Sans compter les chagrins que leur ont peut-être coûtés les applaudissements que leur présence n'a pas empêché le public de me donner.

123. — La voilà, cette princesse si admirée, si chérie, et la voilà telle que la mort nous l'a faite.

124. — Non, c'est moi qui voudrais effacer de ma vie
Les jours que j'ai vécu sans vous avoir servie.

125. — Méchants, qui sommeillez en paix au sein de vos iniquités, la vie est moins longue que vous ne l'avez cru !

126 — Burrhus, avez-vous vu quels regards furieux
Néron, en me quittant, m'a laissés pour adieux ?

127. — Elle ne s'est que trop aperçue de la passion de Numa.

128. — On n'avait jamais vu de chaleurs semblables à celles qu'il a fait cette année.

129. — L'Europe a reconnu que Pierre-le-Grand avait aimé la gloire, mais qu'il l'avait mise à faire du bien.

130. — Le fils d'Ulysse comprit la faute qu'il avait faite d'attaquer ainsi le frère d'un des rois alliés qu'il était temps de secourir.

131. — Je lui ai offert ma main, qu'elle a refusé d'accepter.

132. — J'ai été fort touché des pertes qu'il a faites depuis deux ans.

133. — On m'a demandé dernièrement si l'on

devait dire apprentie ou apprentisse. J'ai renvoyé à ma grammaire pour la solution de cette question qu'on n'eût pas dû faire.

134. — L'un des plus beaux présents que nous ait faits l'auteur de la nature, c'est le plaisir attaché à nos jugements intérieurs

135. — Ces courtisans, qui se sont rendus si méprisables, ne s'élevaient jamais et rampaient toujours au pied du trône.

136. — Il les fit venir et leur demanda comment l'affaire s'était passée. Il reconnut que ni l'un ni l'autre n'avaient songé à un pareil délit.

137. — Une femme célèbre a été tuée hier d'un coup de pistolet, sans qu'on ait pu découvrir par qui avait été soudoyé le meurtrier.

138. — Nous ferons l'éloge de ceux de nos élèves qui, dans quelque genre que ce puisse être, auront obtenu des suffrages mérités.

139. — Nous avons reçu la lettre que vous nous avez adressée ce matin.

140. — L'Architecture est répréhensible d'être entrée dans la conspiration contre l'Agriculture, d'avoir créé des parcs fastueux, et de s'être prêtée à bouleverser nos jardins productifs.

141. — Tous les mémoires qu'ont publiés, jusqu'aujourd'hui, divers hommes de lettres, en quelque genre qu'ils se soient exercés, peuvent être considérés comme des ouvrages de littérature.

142. — Combien de fois ne se sont-ils pas mêlés de vouloir rendre justice à des gens qui réclamaient contre des oppresseurs! Mais comment pouvaient-ils rendre justice, lorsqu'ils étaient eux-mêmes les oppresseurs les plus barbares qu'on pût voir?

143. — Cette ode que je vous ai envoyée, je l'ai faite en latin, parce que j'aime beaucoup cette langue, et surtout le poète Horace, qui m'enseigne l'art d'être heureux.

144. — En remplissant un devoir bien sacré

pour mon cœur, je n'étais pas fâché de lui faire contracter une dette que j'aurais désiré qu'il n'acquittât jamais.

145. — Que d'autels on eût érigés, dans l'antiquité, à un Grec qui aurait découvert l'Amérique!

146. — Autant de villes il a assiégées, autant il en a prises.

147. — Les anciens ne s'étaient pas formé une idée exacte de certains phénomènes célestes.

148. — Mais ceux qu'en ce palais a sauvés votre fils
     Ne sont point nés, Seigneur, parmi vos ennemis.

149. — Écoutez ceux qui ont approché ces hommes que la gloire des succès a rendus célèbres.

150. — Cette doctrine, qu'on a crue celle des Grecs, remonte à une époque bien plus reculée.

151. — Charlemagne a gouverné avec gloire une des plus vastes monarchies qu'il y ait eu depuis celle des Romains.

152. — Ces négociations, que le roi avait désiré qu'on terminât promptement, sont peu avancées.

153. — Je dois compter pour rien les jours que j'ai passés dans l'oisiveté, et que j'avais cru que je vous consacrerais.

154. — Que de fleurs j'ai vu flétrir par ces enfants!

155. — Ce sont des évènements dont je ne parlerais pas si je ne les avais entendu raconter.

156. — C'est à vous d'obéir, sans vouloir vous défendre,
     Aux ordres qu'en mon nom on vous a fait entendre.

157. — L'armée romaine s'était laissé surprendre dans son camp.

158. — Dieu n'a pas révélé ses jugements aux Gentils, et il les a laissés errer dans leurs voies.

159. — Le peu d'eau que j'ai bue m'a incommodé.

160. — Une masse de maisons construites en briques.

161. — Les ennemis trouvèrent la moitié des faubourgs brûlée.

162. — Une foule d'écrivains se sont égarés dans un style recherché.

163. — La Bible n'était pas traduite en langue vulgaire; ou, du moins, les traductions qu'on en avait faites dans peu de pays étaient ignorées.

164. — Parmi les sauvages, j'en ai trouvé un grand nombre qui avaient quelque idée d'une autre vie.

165.—Pendant ces derniers temps, combien en a-t-on vus
Qui, du soir au matin, sont pauvres devenus?

166. — Ce ne sont pas les victoires toutes seules de David qui l'ont rendu le modèle des rois ses successeurs : Saül en avait remporté comme lui sur les Philistins et sur les Amalécites.

167. — Oui, nous les avons vus marcher de tous côtés;
Ensuite, dans les bois ils se sont écartés.

168. — On croira que ces jours me durèrent huit siècles ; tout au contraire, j'aurais voulu qu'ils les eussent duré.

169. — Je regrette beaucoup les années que j'ai vécu sans pouvoir m'instruire.

170.—Je ne hais point les Grands ; j'en ai vu quelquefois
Qu'un désir curieux attirait dans nos bois.

171. — Croyons-le donc comme lui, malgré les railleries qu'on en a faites.

172. — Quant aux sottes gens, plus j'en ai connus, moins j'en ai estimés.

173. — Mais d'où viennent ces difficultés, si ce n'est du peu d'application qu'on y a donné?

174. — Quant à son mors, il doit être d'or à vingt-trois carats, car il en a frotté les bossettes contre une pierre, que j'ai reconnue être une pierre de touche.

175. — Ils ne nous ont pas vu l'un et l'autre élever,
Moi pour vous obéir, et vous pour me braver.

176. — Les bontés que vous m'avez fait sentir me donnent le droit de me servir d'un nom si tendre.

177. — Dans ce même temps, d'autres généraux de Justinien, sortant d'Arménie, s'étaient fait battre sur les frontières de Perse.

178. — La disette qu'il y a eu cet hiver a causé bien des maladies.

179. — Si la vertu et la vérité étaient bannies de la terre, elles devraient toujours se trouver dans la bouche des rois.

180. — Jusqu'au terme des temps, devenus leurs conquêtes,
Voleront, respectés, les accords des prophètes.

181. — Comment pourrais-je, madame, arrêter ce torrent de larmes, que le temps n'a pas épuisé, que tant de justes sujets de joie n'ont pas tari ?

182. — C'est sa fille, aussi bien que ses fils, qu'il a déshéritée.

183. — C'est plus le général que les officiers qu'on a blâmé.

184. — Turenne est un des meilleurs généraux qu'ait produits la France.

185. — Au-dessus du pupître, une main étrangère, qu'on m'a dit être celle du châtelain du village de Motiers, a écrit ces quatre vers.

186. — Guillaume se rendit maître de cette ville, de la même manière qu'il l'avait vu prendre.

187. — Nous les eussions laissés passer tranquillement leur hiver à Paris, s'ils l'avaient désiré.

188. — Mes parents m'ont donné toute l'éducation que leur fortune leur a permis.

189. — J'ai envoyé ma lettre à la poste aussitôt que je l'ai eu finie.

190. — Il ne peut rien offrir, aux yeux de l'univers,
Que de vieux parchemins qu'ont épargnés les vers.

191. — Ils se sont dissimulé qu'on les a trompés l'un et l'autre.

192. — Nous avons arraché plus de secrets à la nature, dans l'espace de cent années, que le genre humain n'en avait découvert depuis le commencement des siècles.

193. — Ariste suivit les bergères, et, après les avoir vues entrer dans un bosquet, il regretta que le peu de hardiesse qu'il avait eu l'eût empêché de s'approcher d'elles et de leur parler. Après les avoir entendu appeler par les bergers, il s'approcha d'une des dernières qu'il eut vues pénétrer dans le bosquet, et lui demanda si Glycère s'était décidée à lui accorder sa main. Elle lui répondit que Glycère s'était imaginé bien des choses qui n'étaient pas favorables à l'union projetée, lesquelles elle avait cru devoir communiquer à sa mère; mais que, supposé que ces choses ne fussent pas vraies, Glycère serait d'autant moins opposée à accepter la main d'Ariste, qu'elle s'était déjà laissé convaincre de la sincérité de ce berger, et qu'elle s'était même laissée aller à avouer qu'il ne lui était pas indifférent; qu'ainsi, les difficultés qu'il avait eues à surmonter se trouveraient aplanies. Elle ajouta qu'elle avait fait près de Glycère, en faveur d'Ariste, tous les efforts qu'elle avait pu.

CHAPITRE XIX.

—

SUR L'ADVERBE.

—

(590 à 606.)

1. — Qui veut apprendre à bien mourir, doit apprendre auparavant à bien vivre.

2. — On demande si Brutus chassa les rois pour établir sa propre domination, ou s'il voulut, avant tout, la liberté de son pays.

3. — Un tel ouvrage ne pouvait être entrepris par son auteur, sans qu'il eût sondé auparavant le goût du public.

4 — Alexandre donna à Porus un royaume plus grand que celui qu'il avait auparavant.

5. — Parmi les animaux, il y en a qui vivent sous la terre, d'autres dans l'air et dans l'eau, d'autres, enfin, sur la terre seulement.

6. — Puissiez-vous ne trouver dans votre union
Qu'horreur, que jalousie et que confusion.

7. — C'est là, après des combats sanglants, que l'on pleure sur le sort des milliers de victimes que l'ignorance ou le hasard vient de livrer à la mort.

8. — Voilà le premier livre que Dieu a montré aux hommes, pour leur apprendre ce qu'il est; c'est là qu'ils étudièrent d'abord ce qu'il voulut leur manifester de ses perfections infinies.

9. —Ceux qui te veulent mal sont ceux que tu conserves;
Tu vas à qui te fuit, et toujours te réserves
A souffrir en vivant plus d'ennuis.

10. — Il n'y a rien, assurément, qui chatouille plus que les applaudissements; mais cet encens ne fait pas vivre.

11. — De toutes les fleurs d'un parterre, la rose est celle qui me plaît le plus.

12. — La vertu n'irait pas si loin, si la vanité ne lui tenait compagnie.

13. — Ces braves chevaliers, qui faisaient un noble usage de leur valeur, étaient aussi aimables par l'aménité de leur caractère que par l'étendue de leurs connaissances.

14. — Le plaisir de l'étude est un plaisir aussi tranquille que celui des autres passions est inquiet.

15. — Elle n'est pas si douce qu'elle le semble.

16. — Empêcher que Caron, dans la fatale barque,
,Ainsi que le berger ne passe le monarque.

17. — Je crains bien que la journée ne se passe
sans que ma sœur vienne vous témoigner toute
la reconnaissance dont elle est pénétrée.

18. — Tenez-vous sur vos gardes, de peur
qu'il ne reste des fautes grossières dans les phrases
que vous corrigez.

19. — On ne peut jamais prononcer devant
cet enfant le nom de la tendre mère qu'il a
perdue, sans qu'aussitôt des larmes coulent en
abondance de ses yeux.

20. — Une pareille violation de principes ne
peut avoir lieu, ce me semble, sans que les agents
du gouvernement soient coupables de trahison ou
d'impéritie.

21. — Nous ne voulons faire de mal ni au
père, ni au fils du grand Cyrus; nous les
respectons trop pour les offenser jamais en
rien.

22. — Je ferai tout ce qui dépendra de moi
pour vous obliger, mais je doute que votre affaire ait un aussi bon succès que je le désire.

23. — Je ne doute pas que l'homme le plus
heureux sur la terre, ne soit celui qui est le moins
esclave de ses préjugés.

24. — Avant que je quitte la plume, permettez-moi de vous dire quelle est la chose que
j'aime le plus.

25. — Ceux d'entre les anciens qui ont condamné le suicide, se sont fondés sur cette idée:
que l'homme, en cette vie, est comme une
sentinelle en faction, qui ne doit quitter son
poste, qu'avec la permission de celui qui l'a
placée.

26. — On sait qu'un paysan qui ne connaissait point Aristide, contribua cependant à le
faire exiler. Il n'avait pas été à portée, dans la
condition où il vivait, d'avoir jamais rien à

démêler avec Aristide ; mais il portait envie à ce grand homme.

27. — On est étonné de voir cet homme ne réussir dans ses intrigues de cour, qu'en s'avilissant lui-même.

28. — Je vous renvoie cet ouvrage qui ne m'a paru ni correct ni élégant.

29. — Mes exploits militaires sont trop nombreux pour que je puisse vous les détailler tout de suite.

30. — Je songe bien plutôt à me percer moi-même

31. — Ce brave jeune homme préfère s'exposer à la disgrace de son oncle plutôt qu'à cet humiliant soupçon.

32. — La foudre gronda tout-à-coup et un terrible orage éclata.

33. — On n'est jamais si heureux ni si malheureux qu'on se l'imagine.

34. — Ne désespérez pas que ce moyen ne vous réussisse.

35. — Je ne disconviens pas que cela ne soit.

36. — J'empêcherai bien que vous ne soyez du nombre.

37. — Il craint que son frère ne l'abandonne.

38. — Il ne sait ce qu'il dit.

39. — La vérité ne fait pas tant de bien dans le monde que ses apparences y font de mal.

40. — Je n'ai pas autant de crédit que vous l'imaginez.

41. — Un glorieux est incapable de s'imaginer que les Grands dont il est vu pensent autrement de sa personne qu'il ne fait lui-même.

42. — Depuis l'invention de la poudre, les batailles sont beaucoup moins sanglantes qu'elles ne l'étaient, parce qu'il n'y a presque plus de mêlée.

43. — Assurez-vous qu'on ne peut pas vous aimer plus tendrement que je le fais.

44. — L'existence de Scipion ne sera pas plus douteuse dans dix siècles qu'elle ne l'est aujourd'hui.

45. — A moins que votre cœur, animé d'un beau zèle
De vos nouveaux amis n'embrasse la querelle.

46. — Hélas! nous ne pouvons un moment arrêter les yeux sur la gloire de la princesse, sans que la mort s'y mêle aussitôt pour tout offusquer de son ombre.

47. — N'avons-nous pas vu les satellites des Pompée environner Milon avant qu'il fût jugé?

48. — J'ai même défendu, par une expresse loi,
Qu'on osât prononcer votre nom devant moi.

49. — Il défendit qu'aucun étranger entrât dans la ville.

50. — Je couvrais ces matières-là d'un galimatias philosophique qui empêchait que les yeux de tout le monde ne les reconnussent pour ce qu'elles étaient.

51. — J'ai peur que l'univers, qui sait ma récompense,
N'impute mes transports à ma reconnaissance.

52. — La même justesse d'esprit, qui nous fait écrire de bonnes choses, nous fait appréhender qu'elles ne le soient pas assez pour mériter d'être lues

53. — Gardez qu'avant le coup votre dessein n'éclate.

54. — Le savant voit le double des autres, et l'ignorant ne voit goutte lors même qu'il croit voir le plus clair.

55. — Je ne vois personne qui ne le loue.

56. — Autrefois, j'ai connu cet honnête garçon,
Et vous n'avez pas lieu d'en prendre de soupçon.

57. — La mort nous attend tous : peu importe à l'homme qui n'a rien à se reprocher qu'elle arrive un peu plus tôt, un peu plus tard.

58. — Leurs états resserrés dans des bornes plus étroites, leurs plaintes, leurs jalousies, leurs fureurs, leurs invectives même, ne les en convaincraient-ils pas malgré eux?

59. — J'ai tout à craindre de leurs larmes, de leurs soupirs, de leurs plaisirs même.

60. — L'ermite lisait tranquillement dans son psautier, et ne tressaillait que lorsque les éclairs étaient si forts qu'ils obscurcissaient la lueur de notre lampe.

61. — Un philosophe très-estimé a dit, dans l'un de ses ouvrages : Mes fermiers avaient plus d'intérêt à m'attraper que je n'en avais à n'être pas attrapé.

62. — Tu m'as bien dit que tu avais deux sœurs; mais je ne les ai encore ni vues ni rencontrées.

63. — Avant d'avoir embrassé le Christianisme, la nation française choisissait, pour enterrer ses rois, un champ fameux par une victoire.

64. — En 1787, Thomas Howel fit plus : il revint de Madras à Constantinople par une route en partie inconnue, route plus facile et surtout beaucoup plus courte que toutes celles suivies avant lui.

65. — Avant qu'un sang si pur eût arrosé la terre ,
Le ciel avait déjà fait gronder son tonnerre.

66. — Il me semble qu'un livre ne peut faire fortune aujourd'hui qu'en amusant le lecteur et en l'instruisant tout ensemble.

67. — Ce fut là que je mis la dernière main à mes études de la nature, et que je les ai publiées.

68. — Xénophon a dit : Vous frapperez la laie en prenant garde toutefois qu'elle ne vous renverse en vous heurtant.

69. — Chacun dit du bien de son cœur et personne n'ose en dire de son esprit.

70. — Quand pourrons-nous jamais sentir tout

le prix d'une doctrine aussi salutaire que celle qu'on nous a enseignée?

71. — On assure que la Turquie a pris la résolution de ne recevoir aucun ambassadeur d'Espagne, avant que la paix générale soit signée.

72. — Ne faites point attendre le bienfait : c'est donner deux fois que donner tout de suite.

73. — Un père, qui n'a inspiré à ses enfants aucun principe de religion, doit toujours craindre qu'ils ne tombent dans le travers.

74. — Que n'avons-nous autant d'ardeur pour la vertu que nous en avons pour le plaisir !

75. — Gardez, pour vous punir de cet orgueil étrange,
Que le ciel, à la fin, ne souffre qu'on vous venge.

CHAPITRE XX.

—

SUR LA PRÉPOSITION.

—

(607 *à* 619.)

1. — J'ai acheté une maison proche de celle de ma sœur.

2. — Il demeure vis-à-vis de moi.

3. — Il est très-difficile d'avoir accès près de cet homme.

4. — Parménide ne respire que rage et que vengeance ; il reçoit une blessure profonde et vient tomber près de moi.

5. — Comme notre maison était située près du grand chemin, nous avions souvent l'avantage de recevoir un voyageur ou un étranger qui venaient se rafraîchir avec notre vin.

6. — Les sages cachent leur science par modestie : la bouche de l'insensé est toujours près de s'attirer la confusion, en parlant de choses qu'il ne connaît point.

7. — Ils lui prodiguèrent tous les secours de leur art, et rappelèrent peu à peu son ame près de s'envoler.

8. — Un pêcheur eut dernièrement le bonheur de sauver, au péril de ses jours, un navire près de faire naufrage.

9. — Vous me trouverez toujours prêt à vous rendre service.

10. — Les pertes que tant de gens ont essuyées, les mettent dans l'impossibilité d'exercer leur bienfaisance envers les malheureux qu'ils ont toujours eu coutume de secourir.

11. — La jalousie est un moyen excellent à l'égard d'une femme ordinaire, qui a plus de vivacité que d'amour véritable.

12. — Je recevrai tous mes parents, hors mon cousin Pierre, avec qui je suis brouillé.

13. — On prétend que les cérémonies religieuses sont interdites hors de l'édifice qui a été choisi pour les remplir.

14. — Quelque soin que l'on prenne pour couvrir ses passions d'apparences de piété et d'honneur, elles paraissent toujours à travers ces voiles.

15. — Vous eussiez vu La Condamine se frayer une route au travers de bois épais, passer le même torrent vingt-deux fois en un seul jour, près de faire naufrage à chaque instant.

16. — Je courais çà et là dans le bocage, semblable à une biche qui court à travers les forêts pour soulager sa douleur.

17. — Monime essaya de se donner la mort avec son diadême qu'elle passa autour de son cou ; mail il trompa son attente en se déchirant.

18. — J'ai apaisé la querelle qui s'était élevée entre les deux frères.

19. — Mais, au sein de ce plaisir, quel chagrin me dévore?

20. — Au défaut des anciens écrivains, nous avons lu les auteurs modernes.

21. — Nous prendrons, à votre défaut, la personne que nous trouverons la plus capable.

22. — Dans le même temps, je reçus des nouvelles de ma famille.

23. — Il couche dans une prison fort obscure.

24. — L'argent est l'objet dans lequel l'avare concentre toutes ses jouissances.

25. — N'aspirera-t-il qu'à ces succès intermittents que leur offrent de loin à loin vos séances publiques?

26. — Ces sortes de hardiesses font un merveilleux effet dans la poésie, lorsqu'elles sont placées à propos et de loin à loin.

27. — Essuyer les emportements d'un maître qui prend feu à la moindre occasion; voilà ce qui est pénible, et voici ce qu'il faut faire : s'y exposer le moins possible.

28. — Les enfants obéissent à leurs pères, les femmes à leurs maris; voilà la monarchie.

29. — J'aime mieux recevoir une injure que la faire : voilà la morale du vrai sage.

30. — Je connais une maxime bien sage, fondée sur l'humanité; la voici : pardonnez-vous souvent les uns aux autres.

31. — Le véritable héroïsme, la passion de la gloire, l'amour de la justice, la franchise, la générosité, la piété filiale; voilà les vertus de la simple nature.

32. — On doit moins regarder à la capacité d'un homme qu'à ses mœurs et à ses sentiments.

33. — Les jeunes gens, chez les Perses, sont occupés, pendant dix ans, à servir le roi, à exé-

cuter les ordres des magistrats, à arrêter les vo-
leurs. Ces dix ans étant expirés, ils entrent dans
la classe des hommes.

34. — L'homme est fait pour aimer et non
pour haïr son semblable.

35. — Vous êtes la seule femme qui sachiez
prendre autant d'empire sur vous-même et sur ceux
qui vous entourent.

36. — Au défaut des humains, souvent les animaux
De l'homme abandonné soulagèrent les maux.

37. — Il m'aime plus qu'il ne s'aime lui-même;
quant à moi, je ne lui suis pas moins attaché.

38. — Nous possédons ici le comte de Li-
vourne, et nous cherchons à lui en rendre le
séjour agréable; voilà les seules lignes que m'ait
écrites ma fille.

39. — Trois jeunes filles brillantes de santé pas-
sèrent près de nous.

40. — On dit que, pour récompenser Minos
de sa justice et de sa piété envers les dieux,
on fit de lui le juge souverain des Enfers.

41. — Échevelée, toute hors d'haleine, je cours
à travers les champs, je gravis les rochers et
les collines.

42. — N'est-ce point la peinture qui, prenant un corps, parle au peuple dans ces ta-
pisseries tendues aux jours de fêtes autour du
Champ-de-Mars?

CHAPITRE XXI.

SUR LA CONJONCTION.

(620 à 628.)

1. — La poésie n'admet pas les expressions
ni les transpositions particulières qui ne peuvent

pas trouver quelquefois leur place en prose,
dans le style élevé.

2. — Je ne connaissais pas Almanzor ni l'amour.

3. — Combien de victimes étaient entassées
sans qu'on eût égard à l'âge ni au sexe !
4. — Il faut savoir instruire et reprendre les
autres sans fiel et sans aigreur.
5. — Sa table, servie sans magnificence ni
profusion, pouvait suffire abondamment à tous
les convives.
6. — L'ignorance, dit un adage chinois, est
la nuit de l'esprit, mais une nuit sans lune et
sans étoile.
7. — Plus tous ces crimes sont impunis sur
la terre, plus ils seront, dans les enfers, l'objet
d'une vengeance implacable.

8. — Quoi que vous écriviez, évitez la bassesse :
Le style le moins noble a pourtant sa noblesse.

9. — La paresse n'a pas un avocat, quoiqu'elle
ait beaucoup d'amis.

10. — Jamais un lourdaud, quoi qu'il fasse,
Ne saurait passer pour galant.

11. — Il en est de la reconnaissance comme
de la bonne foi des marchands; elle entretient
le commerce, et nous ne payons pas parce qu'il
est juste de nous acquitter, mais pour trouver
plus facilement des gens qui nous prêtent.
12. — Un sot ne s'admire jamais tant que
quand il a fait quelque sottise.

13. — Défendit qu'un vers faible y pût jamais entrer,
Et qu'un mot déjà mis osât s'y remontrer.

14. — Il n'est rien que les hommes aiment
mieux à conserver, ni qu'ils ménagent moins
que leur propre vie.
15. — Il ne faut être ni avare ni prodigue.
16. — La mémoire de Henri IV est et sera

toujours chère aux Français, parce qu'il mettait sa gloire et son bonheur à rendre son peuple heureux.

17. — Par ce que je vous dis, ne croyez pas, madame,
   Que je veuille applaudir à sa nouvelle flamme.

18. — Moins les hommes sont civilisés, plus il est aisé de les tromper.

19. — Les peines réelles que la sensibilité cause quelquefois, sont généralement balancées par des sensations agréables qui ne sont pas moins douces ni moins consolantes, bien qu'elles ne causent pas les transports d'une folle joie.

20. — C'est le dernier, et s'il y faut venir,
   Et que de mes malheurs cette pitié vous dure,
   Vous serez libre alors de venger mon injure.

21. — Cet ouvrage est d'une grande importance ; faites le sacrifice d'une après-midi tout entière, pour le lire sans interruption ni délai.

22. — Quand je considère que les Chrétiens ne meurent point ; qu'ils ne font que changer de vie ; que l'apôtre nous avertit de ne pas pleurer ceux qui dorment dans le sommeil de la mort, comme si nous n'avions pas d'espérance ; que la foi nous apprend que l'église du ciel et celle de la terre ne sont qu'un même corps ; que nous appartenons au Seigneur, soit que nous vivions, soit que nous mourions, parce qu'il s'est acquis, par sa résurrection et par sa vie nouvelle, une domination souveraine sur les morts et sur les vivants ; quand je considère, dis-je, que celle dont nous regrettons la mort est vivante en Dieu, puis-je croire que nous l'ayons perdue ?

CHAPITRE XXII.

RÉCAPITULATION DES CINQ DERNIERS CHAPITRES.

(552 à 628.)

1. — Les animaux fuyant dans les sentiers secrets.

2. — Un brave homme qui a été insulté se trouve tout de suite supérieur à celui qui l'insulte, parce qu'il peut pardonner.

3. — L'histoire naturelle des colibris, des oiseaux-mouches et des sucriers est près de paraître ; je vous invite à l'acheter.

4. — Il n'est pas si dangereux de faire du mal à la plupart des hommes, que de leur faire trop de bien.

5. — J'ai vu des gens en place trafiquant de leur signature, de leur crédit et de leurs promesses même, parvenir ainsi à la fortune par le chemin de la honte.

6. — Ce trône antique était tout près de choir.

7. — Il ne se souciait de plaire ni aux gens d'esprit ni aux gens à la mode.

8. — Il ordonna des levées de soldats, qu'il dispensa ensuite de marcher, moyennant qu'ils lui payassent les sommes qu'il demandait.

9. — Il ne faudrait pas qu'on négligeât toutes les mesures législatives propres à favoriser les nouvelles écoles qu'a fondées le gouvernement, et à leur donner de l'éclat.

10. — Insensé que je suis ! hélas ! je suis tombé dans l'esclavage en cherchant les moyens de me venger d'une aussi légère offense.

11. — De telles gens, craignant l'autorité de la Princesse, aidaient à tromper le Roi, de peur de déplaire à cette femme hautaine, qui avait toute sa confiance, quoiqu'elle ne la méritât pas.

12. — Le temple de ce dieu est à douze stades d'Orope, dans l'endroit même où l'on dit que lorsque ce dieu s'enfuyait de Thèbes, la terre s'ouvrit sous ses pas et l'engloutit avec son char.

13. — C'est à vous d'entretenir le feu sacré près de s'éteindre. Que vos succès en tout genre attestent l'utilité des langues anciennes.

14. — Fatigués de la chasse et séparés de leurs amis, qu'un épais brouillard avait dérobés à leurs yeux, Connal et la fille de Comlo se vinrent reposer dans la grotte de Ronan. C'était là ordinairement que Connal se retirait; les armes de son père y étaient suspendues, les boucliers y brillaient près des casques d'acier.

15. — Je vous ai confié l'éducation de mon fils, et je vous ai prié de l'instruire, parce que j'en veux faire un homme de lettres.

16. — La guerre de plume a aussi son droit des gens; et tout le monde sait qu'elle n'est pas près de finir.

17. — Il faut embrasser d'un seul coup d'œil tous les abus qui se sont glissés dans votre nouveau système politique, et faire un rapport général à ce sujet.

18. — Je crois que la méthode dont je vous ai parlé, et que j'ai indiquée à tous mes amis, aurait de très-grands avantages et n'aurait aucun inconvénient.

19. — En descendant, ce héros proféra ces paroles : Ils pourront bien m'assassiner, mais ils ne pourront jamais m'avilir.

20. — Il voit ses yeux languissants près de se fermer, sa tête penchée sur son cou, et la pâ-

leur de la mort qui rend sa beauté encore plus touchante.

21. — Croyez, monsieur, que je suis pénétré de reconnaissance pour les services que vous avez rendus à ma malheureuse famille ; sans vous, elle se voyait près de mourir de faim.

22. — Placez sur cette table les livres que vous croyez qui vous seront nécessaires , vous les y retrouverez. Nous allons nous promener autour du bois, sur cette plate-forme qui est hors de la ville, et où nous sommes attendus.

23. — Le style et les détails de cette pièce, laquelle le public a traitée avec trop de sévérité, n'ont point échappé aux véritables connaisseurs.

24. — Quand Horace a dit : C'est là que règne un printemps éternel, ce n'était pas de Naples, mais bien de Tarente, qu'il voulait parler.

25. — Près du temple dont je vous ai parlé, est une fontaine dont l'eau ne sert ni aux sacrifices ni aux lustrations; on défend même qu'on s'y lave les mains.

26. — Il importe à ceux qui gouvernent, de ranimer le flambeau des sciences, que nous avons vu cent fois près de s'éteindre.

27. — Les générations nouvelles ressemblent aux pluies du ciel, lesquelles, en tombant, rafraîchissent les eaux des fleuves, ralenties dans leur cours et près de se corrompre.

28. — Elle devint pâle comme si elle eût été près d'expirer.

29. — Il n'y a point de doute que notre langue ne doive à la langue grecque et à la langue latine la plus grande partie de ses richesses.

30. — Tancrède arrive auprès de Godefroi et lui dit : Je viens te confirmer ces merveilles que tu n'as pas voulu croire, quoique nous les ayons vues nous-mêmes.

31. — Prends garde que jamais l'astre qui nous éclaire
Ne te voie en ces lieux mettre un pied téméraire.

32. — Il ne s'en faut presque rien qu'il ne soit aussi grand que son frère.

33. — Ceux qui nuisent à la réputation ou à la fortune des autres plutôt que de perdre un bon mot, méritent une peine infamante.

34. — On ne savait en Europe qui l'on devait plaindre le plus, ou un jeune prince accusé par son père et condamné à la mort par ceux qui devaient être un jour ses sujets, ou un père qui se croyait obligé de sacrifier son propre fils au salut de son empire.

35. — Il y a peu de femmes dont le mérite dure plus que la beauté.

36. — L'imagination ne saurait inventer tant de diverses contrariétés qu'il y en a naturellement dans le cœur de chaque personne.

37. — Ceux qui ont eu de grandes passions, se trouvent toute leur vie heureux et malheureux d'en être guéris.

38. — Nous avons plus de paresse dans l'esprit que dans le corps.

39. — Le calme ou l'agitation de notre humeur ne dépendent pas tant de ce qui nous arrive de plus considérable dans la vie, que d'un arrangement commode ou désagréable de petites choses qui arrivent tous les jours.

40. — L'extrême avarice se méprend presque toujours; il n'y a point de passion qui s'éloigne plus souvent de son but et sur laquelle le présent ait tant de pouvoir, au préjudice de l'avenir.

41. — Il ne sert de rien d'être jeune sans être belle, ni d'être belle sans être jeune.

42. — Il y a des personnes si légères et si frivoles, qu'elles sont aussi éloignées d'avoir de véritables défauts que des qualités solides.

43. — La modération est comme la sobriété; on voudrait bien manger davantage, mais on craint de se faire mal.

44. — Le premier mouvement de joie que nous

avons du bonheur de nos amis, ne vient, ni de la bonté de notre naturel, ni de l'amitié que nous avons pour eux ; c'est un effet de l'amour-propre qui nous flatte de l'espérance d'être heureux à notre tour, ou de retirer quelque utilité de leur bonne fortune.

45. — On n'oublie jamais mieux les choses que quand on s'est lassé d'en parler.

46. — L'amour-propre empêche bien que celui qui nous flatte ne soit jamais celui qui nous flatte le plus.

47. — On ne trouve point dans l'homme le bien ni le mal dans l'excès.

48. — La pompe des enterrements regarde plus la vanité des vivants que l'honneur des morts.

49. — Quelque incertitude et quelque variété qui paraissent dans le monde, on y remarque néanmoins un certain entraînement secret, et un ordre réglé de tout temps par la Providence, qui font que chaque chose marche en son rang, et suit le cours de sa destinée.

50. — On donne plus souvent des bornes à sa reconnaissance qu'à ses désirs et à ses espérances.

51. — Pour pouvoir être toujours bon, il faut que les autres croient qu'ils ne peuvent jamais nous être impunément méchants.

52. — Il est dangereux de vouloir être toujours le maître de la conversation, et de pousser trop loin une bonne raison quand on l'a trouvée. L'honnêteté veut qu'on cache quelquefois la moitié de son esprit, et que, pour lui épargner la honte de céder, on ménage un opiniâtre qui se défend mal.

53. — Trop souvent nous fermons les yeux aux beautés que la nature répand autour de nous.

54. — Ce qui consterna le plus Télémaque, ce fut de voir dans cet abyme de ténèbres et de maux, un grand nombre de rois qui avaient passé sur la terre pour des rois assez bons : ils avaient été condamnés

aux peines du Tartare, pour s'être laissé gouverner par des hommes méchants et artificieux. Ils étaient punis pour les maux qu'ils avaient laissé faire par leur autorité. La plupart de ces rois ne s'étaient montrés ni bons ni méchants, tant leur faiblesse avait été grande.

55. — A moins que ses parents n'approuvent son dessein.

56. — Le roi voulut avoir ce chef-d'œuvre avant qu'il fût achevé.

57. — Vous ne sauriez nier qu'un homme n'apprenne bien des choses, quand il voyage et qu'il étudie sérieusement les mœurs des peuples.

58. — Tous les fleuves du monde entrent au sein des mers,
Sans que leurs flots unis ravagent l'univers.

59. — Il faut que mon frère soit présent pour que l'affaire se termine; mais je crains qu'il ne vienne pas assez à temps.

60 — Si ce ministre remonte au pouvoir, toutes mes espérances s'évanouiront, et je crains bien qu'il n'y remonte.

61. — Vous avez l'air inquiet, craignez-vous qu'il ne soit arrivé quelque chose de fâcheux à vos enfants?

62. — N'avez-vous point peur qu'on ne vous fasse la même réponse que vous me faites ?

63. — Je ne disconviens pas que vous ne soyez instruit.

64. — Les maisons qu'ils ont fait bâtir ne sont pas si solides que celles que j'ai vu construire en Suisse.

65. — J'ai trouvé ces malheureux enfants pleurant sur les ruines de la maison qui les a vus naître.

66. — L'honnête homme est celui qui fait tout le bien qu'il peut et qui ne fait de mal à personne.

67. — Le peu de fortune que son père lui a laissé a empêché ce jeune homme de faire son chemin et d'occuper une place telle qu'il l'eût désirée.

68. — Vos parents se sont figuré qu'il suffit d'avoir du talent pour parvenir.

69. — Que de peines elle s'est données pour ses enfants, et que de regrets ces peines lui ont valus !

70. — Ne voyez-vous pas s'enfuir les hôtes du bocage?

CHAPITRE XXIII.

—

SUR LES FIGURES DE SYNTAXE.

—

(629 *à* 632.)

1. — Dans les flots irrités, les ennemis dont nous fûmes la proie rencontrent leur tombeau.

2. — A la vue de tant d'objets funèbres, la nature se trouve saisie, un air triste et lugubre se répand sur tous les visages; soit horreur, soit compassion, soit faiblesse, tous les cœurs sont émus.

3. — Je n'ai pu consentir à la mort de mon fils.

4. — La tête de la jeune fille était couverte d'un voile blanc, et l'on ne pouvait que deviner les pleurs qui coulaient sur ses joues.

5. — A peine j'entrai dans la carrière de la cour.

6. — On ne trompe pas longtemps les hommes sur leurs intérêts, et ils ne haïssent rien tant que d'être trompés.

7. — Mon fils, il faut renvoyer ce livre à celui qui vous l'a prêté. — Mon père, je croyais qu'il était renvoyé.

8. — Qui ne sait point aimer n'est pas digne d'être aimé.

9. — Un sage dit à Moïse que, s'il punissait ri-

goureusement le peuple rebelle, il pourrait l'engager dans une révolte sérieuse.

10. — Je vous fais prévenir de cette démarche, parce que je pense que vous pourriez être charmé de la connaître.

11. — Nos satiriques d'aujourd'hui attaquent tout le monde, et se traitent réciproquement comme ils sont dignes d'être traités.

12. — Ce n'est pas de cela qu'il s'agit aujourd'hui.

13. — C'est à Rome, mes fils, que je prétends marcher.

14. — Cette seconde classe comprend, non-seulement tous les hommes qui aspirent à se placer honorablement dans les premiers rangs, mais encore tous les individus qui veulent travailler au perfectionnement de leur art.

15. — Ce n'est plus seulement par cette vaillante main que vous acquerrez de la gloire; dans le calme d'une profonde paix, vous aurez encore des moyens de vous signaler.

16. — Il est nombre de gens dont nous avons sujet de blâmer souvent le peu de bonne foi.

17. — De quelques superbes distinctions que s'enorgueillissent les hommes, ils ont tous une même origine, et cette origine est bien petite.

18. — Il y a eu à Rome un mouvement populaire dont on ne peut pas encore, je pense, calculer les suites.

19. — Il n'est pas impossible que le peuple se soulève tout-à-fait.

20. — Il se vit forcé de renoncer à son entreprise.

21. — Cicéron avait étendu les bornes de l'éloquence.

22. — Il m'a donné des raisons suffisantes pour que je n'hésite plus à suivre son avis.

23. — Dans la confusion de la nuit, nos soldats s'entr'égorgèrent sur la brèche.

24. — Combien le poids de mes chagrins me semble lourd!

25. — La plupart des hommes ne s'occupent que de la vie présente, qui ne dure qu'un jour, et négligent la vie future, qui n'aura pas de fin.

26. — La multitude de maux que nous avons supportés, nous a cuirassés contre de légères douleurs.

CHAPITRE XXIV.

SUR L'EMPLOI DE CERTAINS MOTS.

(638 *à* 676.)

1. — Celui qui pardonne à son ennemi et lui fait du bien, ressemble à l'encens, qui embaume le feu qui le consume.

2. — Ceux qui assurèrent à la reine Astarbé que le jeune Baléazar était mort, parlèrent ainsi, croyant qu'il l'était en effet.

3. — En présentant mes observations sur un ouvrage qui a produit un enthousiasme général, je ne puis, écrivain inconnu, les appuyer d'un nom qui impose.

4. — Je me souviens de vous avoir vu autrefois, mais il m'est impossible de me rappeler le lieu de notre entrevue; tant de choses importantes m'ont occupé depuis quelques années, que ma mémoire en a souffert.

5. — Les Turcs, qui croient que le Coran peut

suppléer à tous les livres, ont fait de la bibliothèque de Ptolémée une espèce de citadelle.

6. — Je fais observer à mes lecteurs que la vraie religion n'est pas moins ennemie de l'orgueil que du mensonge.

7. — Le général arrive; son aspect impose aux soldats; tous aiment mieux combattre sous ses drapeaux que de manquer à leur devoir.

8. — Je vous engage à soulager cette femme, car elle a l'air bien malheureuse et bien souffrante.

9. — Télémaque est reconnu par son bisaïeul, qui lui assure qu'Ulysse est vivant, et qu'il le reverra à Ithaque.

10. — J'ai fait observer à votre frère, jeune homme fort étourdi, qu'il ferait mieux de rester chez lui, que de venir ici perdre son temps.

11. — Il faut que je sorte, car j'ai assuré à votre frère que j'irai dîner chez lui.

12. — Il est des vérités utiles qu'il faut se rappeler sans cesse.

13. — A entendre les bruits qu'on répand, l'irruption des ennemis en Champagne a causé des ravages si considérables, qu'on ne saurait traverser ce pays sans y courir les périls les plus imminents.

14. — En cas d'absence ou de maladie de plusieurs professeurs, les autres seront chargés de les suppléer.

15. — Vous souvenez-vous du voyage fort agréable que nous avons fait ensemble l'année dernière? — Oui, je me le rappelle fort bien.

16. — Ctésophile donne une fête à laquelle Homère et Thestoxide sont invités tous deux.

17. — Il faut être clair pour être entendu en français; ce caractère essentiel de notre langue la rend éminemment propre à la discussion.

18. — Cet homme me semble avoir atteint le comble de la scélératesse.

19. — N'insultez jamais à la misère ni à l'abaisse-

ment des autres. Savez-vous dans quelle situation vous vous trouverez un jour?

20. — Je sais au besoin déjeûner d'un morceau de pain sec et d'un verre d'eau.

21. — Quand vous verrez votre frère, je vous prie de l'assurer de tout mon respect.

22. — Le crime dont vous me parlez est, au fond, assez difficile à croire.

23. — L'Atrée de Crébillon est un Rembrandt dans l'école de Melpomène. Ces grands mots, dit La Harpe, cette dénomination de Rembrandt peut imposer aux sots.

24. — Je suis assez au fait du jargon philosophique pour pouvoir suppléer à votre silence.

25. — Cette femme fut anoblie sous Henri IV.

26. — Il serait digne des lumières de notre siècle de ne rien négliger pour atteindre la perfection de la langue.

27. — La culture de ce pays consiste en de beaux palmiers qui ont l'air un peu triste, et en certains légumes qui participent de la pomme de terre et du navet.

28. — Pompée avait beaucoup de soin de ses cheveux ; il portait toujours une robe de pourpre ; et, comme il était d'une stature avantageuse, il imposait par un extérieur plein de noblesse.

29. — Le peuple crut devoir renverser de fond en comble la maison d'où il s'était enfui.

30. — L'auteur de cet ouvrage avait déjà donné avis au public, qu'il travaillait à un poème considérable.

31. — Retournez vers le roi, ô Hégésippe ! et aidez-le, je vous prie, à supporter les misères de la grandeur.

32. — Permettez-moi de vous adresser quelques remarques sur l'analyse que vous avez faite de mon ouvrage, et de vous faire observer qu'elle m'a paru dictée par un esprit de partialité.

33. — Quand on offrait des pommes à Duchesne,

secrétaire de François 1er, il saignait du nez, tant est grand le pouvoir de l'antipathie.

34. — En se trouvant inopinément en présence de la personne qu'elle avait si vivement offensée, Adèle eut l'air embarrassée et fut quelque temps avant de pouvoir se remettre.

35. — La volaille que vous retirez de la broche a l'air d'être cuite à point ; ceux qui en dîneront ne sont pas à plaindre.

36. — Le notaire de mon père prit un de ses confrères comme collègue à l'occasion de la rédaction du testament de ma tante.

37. — Les différends des princes sont le malheur des peuples.

38. — La dernière éruption du Vésuve a été fatale à bien du monde.

39. — Les Cosaques ont fait irruption en Pologne.

40. — Mon oncle a refusé de tenir ma fille sur les fonts de baptême.

41. — Le fonds de commerce que j'ai acheté ne rapporte pas tant dans mes mains que dans celles de mon prédécesseur.

42. — Cet artiste a fait preuve d'une grande habileté dans la manière dont il a disposé les principaux personnages de son tableau.

43. — L'or est le métal le plus précieux, et le fer, le métal le plus utile.

44. — Vous recommanderez au roulage qu'on ait bien soin de la caisse que j'envoie à Paris, car les objets qu'elle renferme sont fragiles.

45. — Il faut qu'il soit bien éhonté pour oser se proposer comme médiateur dans des différends que lui-même a fait naître.

46. — Lorsque l'incendie eut à demi consumé la maison, une femme apparut à une des fenêtres ; son péril était imminent, et elle aurait infailliblement péri si, pour la sauver, un homme courageux n'avait exposé sa vie.

47. — Vous êtes bien matinal, aujourd'hui ; ce n'est cependant pas votre habitude.

48. — L'homme matineux fait un meilleur usage du temps, que celui qui a le défaut de se lever tard.

49. — Ce sont les hommes membrus qui soulèvent les plus lourds fardeaux.

50. — La sentence porte que les deux condamnés seront exécutés demain ; cependant il n'est pas certain que le plus jeune ait participé au crime. Quoi qu'il en soit, ils sont perdus tous deux.

51. — On trouve dans les Indes beaucoup de plantes vénéneuses ; les animaux venimeux y abondent aussi, notamment les serpents.

52. — Le fardeau dont on avait chargé mon frère était trop pesant, je lui ai aidé à le porter.

53. — Je ne puis atteindre au volume de Bourdaloue dont j'ai besoin ; il est sur la quatrième tablette de la bibliothèque ; vous qui êtes plus grand que moi, vous y atteindrez facilement.

54. — On lui a fait cadeau d'un service d'argenterie magnifiquement bosselé ; malheureusement, un plat est tombé à terre, et s'est bossué en plusieurs endroits.

55. — Il n'est point de si méchante action qu'un flatteur, ou qu'un sophiste, ne sache colorer.

56. — La nature colore les prairies.

57. — .... L'aurore étincelante et pure
Des roses du matin colorait la nature.

58. — Ce peintre colorie mieux qu'il ne dessine.

59. — Toutes nos provisions étant consommées, il nous fallut envoyer à la ville pour les renouveler.

60. — Le Titien coloriait parfaitement.

61. — Le magistrat, regardant fixement l'accusé, lui demanda ce qu'il avait fait de son fusil.

62. — Ce coquillage fleure l'ambre.

63. — On a beau flairer une tulipe, elle n'exhale aucun parfum.

64. — Il me dit qu'il n'était pas sorti de la journée ; mais comme je l'avais vu entrer hier chez mon

oncle, je vis qu'il m'en imposait, et je le quittai en haussant les épaules.

65. — La terre s'en émeut, l'air en est infecté,
Le flot qui l'apporta recule épouvanté.

66. — Il vaut encore mieux parler mal sa langue, que de mal parler de son prochain.

67. — Il ne put jamais parvenir à le faire ployer sous son autorité.

68. — Il y a une certaine façon de plier les étoffes, qui leur donne plus de valeur.

69. — Ils étaient cinq ou six hommes assis autour de la table.

70. — Il est venu pour vous voir, pendant le temps que vous étiez à la messe.

71. — Au rebours des Corneille et des Racine, nos modernes dramaturges s'attachent plutôt aux sujets modernes qu'aux sujets antiques.

72. — Cet homme est d'une insigne maladresse, il fait tout à rebours.

73. — Pendant votre absence, j'ai été voir votre femme une fois ou deux, afin de savoir de vos nouvelles.

74. — Il assure à tous ses amis que le succès de cette entreprise dépend des démarches que vous ferez.

75. — Le titre de haut et puissant seigneur a été pris par des anoblis, par des roturiers qui avaient acheté chèrement des offices.

76. — Le plus digne objet de la littérature, le seul même qui l'ennoblisse, c'est son utilité morale.

77. — .... Raphaël n'a jamais
Entendu l'art d'embellir un palais.
C'est moi qui sais ennoblir la nature.

78. — Les mauvais écrivains de Rome sentaient bien qu'il était plus aisé d'éviter la bouffissure des orateurs de l'Asie, que d'atteindre à l'éloquente simplicité de Démosthènes.

79. — Lucinde vient d'atteindre l'instant où finit l'enfance.

80. — Je ne sais si cet homme vous tiendra ce qu'il vous a promis, cela est fort casuel.

81. — Le feu de cette cheminée était si ardent qu'il consuma trois bûches en un quart d'heure.

82. — C'était un homme éminent en doctrine et en piété.

83. — Plus il contemplait ce tableau, plus il attirait son admiration.

84. — Tes cris, semblables au tonnerre,
Jusqu'au fond de l'abyme ont porté la terreur.

85. — Le fonds emporte la superficie pour l'architecte, mais la superficie emporte le fonds pour le peintre.

86. — Jean s'en alla comme il était venu,
Mangeant le fonds avec le revenu.

87. — Avant Louis XIV, les grands chemins n'étaient ni réparés, ni gardés ; les brigands les infestaient.

88. — Autrefois on pensait que les malins esprits se faisaient un plaisir d'infester les châteaux inhabités.

89. — Vain espoir ! Céléno, la reine des Harpies,
Infesta ces beaux lieux de ses troupes impies.

90. — N'approche pas de lui, mon fils, car il croirait que tu veux lui insulter dans son malheur.

91. — Les femmes ne sont guère matineuses.

92. — Le similor est un métail dont on fait un fréquent usage.

93. — Il ne faut ni mal parler des absents, ni parler mal devant des savants.

94. — Un insecte qui entrevoit l'infini participe de la grandeur qui vous étonne.

95. — C'est lui qui, devant moi, refusait de ployer.

96. — Le titre de brave et franc chevalier annonçait l'honneur, et n'y suppléait jamais.

97. — Ils étaient si serrés les uns contre les autres, qu'ils ne pouvaient lancer leurs javelots ; s'ils en lançaient quelques-uns, ils se rencontraient et

s'entrechoquaient, de sorte que la plupart tombaient à terre sans effet.

98. — Il importe que les enfants s'accoutument d'abord à mâcher ; c'est le meilleur moyen de faciliter l'éruption des dents.

99. — La terre élevée au-dessus du niveau de la mer est au-dessus de ses irruptions.

100. — La fièvre la consume depuis près d'un mois.

101. — Deux illustres familles de la Mirandole, lasses des différends élevés entre elles depuis plusieurs siècles, résolurent d'y mettre fin par un mariage.

102. — Lors donc que Jésus leur dit : C'est moi, ils furent renversés et tombèrent par terre.

103. — Un associé participe à tous les droits d'une société.

104.—Que des yeux étrangers pleurent du moins mon sort,
    Tandis que dans ces lieux on insulte à ma mort.

105. — Les imitateurs des passions des Grands insultent à leurs vices en les imitant.

106. — Il m'a donné à flairer une rose qui exhalait le parfum le plus suave.

107. — Il fait tout au rebours de ce qu'on lui dit; il ne se rappelle aucune des commissions qu'on lui donne ; enfin, il n'y a pas moyen de faire fond sur lui. C'est dommage, car il ne manque pas d'habileté dans son état, et l'an dernier il gagnait un salaire considérable. Quand il est rentré hier, je lui ai fait observer qu'il était nécessaire qu'il fût plus matinal, s'il voulait conserver le poste qu'il occupe. J'ai eu beau prendre un ton de mère et avoir l'air fâchée, il est tellement éhonté que je renonce à faire ployer son caractère, et je serai obligée de chercher quelqu'un pour le suppléer chez son oncle. Il a pourtant atteint l'âge de vingt ans ; mais que faire d'un homme qui consomme dans de fri-

voles amusements le peu d'argent qu'il gagne, et à qui personne ne peut imposer?

108.—Le jour n'est pas plus pur que le fond de mon cœur.

109. — J'ai cherché en vain à me rappeler le livre où j'ai lu ce passage, le nom m'en est échappé.

110. — Et de quelques hiboux les sifflements criards
Insultant aux débris du palais des Césars.

CHAPITRE XXV.

—

SUR L'ORTHOGRAPHE DES MOTS.

—

(682 *à* 732.)

1. — Le danger que j'ai couru m'a forcé de garder le lit.

2. — Nous ne devrions avoir d'autre but que notre salut.

3. — Le progrès de ma maladie m'ôte tout repos.

4. — A force de manger des fruits, j'ai fini par m'en lasser, et je n'ai plus de goût maintenant que pour un abricot bien savoureux.

5. — La faim chasse le loup hors du bois.

6. — J'ai eu beau essayer plusieurs plumes, je n'ai pu écrire avec aucune.

7. — Où sont donc les gants que vous avez achetés ce matin?

8. — La beauté passe et l'esprit reste.

9. — Aimez et pratiquez la charité.

10. — Inventez des ressorts qui puissent m'attacher.

11. — Le témoin trompeur qui assure des

mensonges et qui sème des dissensions entre les frères n'entrera pas dans le royaume du Ciel.

12. — Celui qui n'a pas honte de médire en secret, est capable de calomnier en public.

13. — Il faut avoir appris cet art mélodieux
De parler dignement le langage des dieux.

14. — Tel homme prodigue les conseils pour vous apprendre à vivre, qui ne donnerait pas un écu pour vous empêcher de mourir.

15. — Il vaut mieux s'endormir sans souper que de se réveiller avec des dettes.

16.—Si l'on doit le nom d'homme à qui n'a rien d'humain,
A ce tigre altéré de tout le sang romain.

17. — Vous embarqueriez-vous au milieu d'une tempête?

18. — La clémence des princes n'est souvent qu'une politique pour gagner l'affection des peuples.

19. — Bientôt avec Grammont courent Mars et Bellone.
Le Rhin, à leur aspect, d'épouvante frissonne.

20. — La jalousie est, en quelque manière, juste et raisonnable, puisqu'elle ne tend qu'à conserver un bien qui nous appartient, au lieu que l'envie est une fureur qui ne peut souffrir le bien des autres.

21. — La Discorde accourut ; le Démon de la guerre,
La Mort pâle et sanglante étaient à ses côtés.

22. — La réconciliation avec nos ennemis n'est qu'un désir de rendre notre condition meilleure, une lassitude de la guerre et une crainte de quelque mauvais évènement.

23. — La plus grande ambition n'en a pas la moindre apparence, lorsqu'elle se rencontre dans une impossibilité absolue d'arriver où elle aspire.

24. — La plus subtile de toutes les finesses est de savoir bien feindre de tomber dans les piéges qu'on nous tend ; et l'on n'est jamais si aisément trompé que quand on songe à tromper les autres.

25. — Après la triste nuit qu'alonge la douleur.

26. — Il y a des gens qu'on approuve dans le monde, qui n'ont pour tout mérite que les vices qui servent au commerce de la vie.

27. — Quiconque attend le superflu pour secourir les pauvres, ne leur donnera jamais rien.

28. — La branche en longs éclats cède au bras qui l'arrache.

29. — L'instruction est un trésor, et le travail en est la clef.

30. — Puisse ton exemple être suivi, ainsi que celui de la personne qui a donné un essai sur le département de la Seine-Inférieure !

31. — Non, ces guerriers sont des Anglais
Qui vont voir mourir une femme.

32. — Régulus se rendit au Sénat, où il exposa le sujet de son ambassade.

33. — La modération des personnes heureuses vient du calme que la bonne fortune donne à leur humeur.

34. — L'instruction est si précieuse, pourquoi la négliger?

35. — Il y a huit jours qu'il a quitté sa demeure.

36. — Sa maison est située à une portée de fusil de la mienne.

37. — Artémise fit élever un magnifique tombeau à Mausole, son époux, et c'est de là que vient le nom de mausolée.

38. — A l'aspect du Colysée de Rome, les grands hommes de l'antiquité nous apparaissent comme sortant de leurs tombeaux.

39. — Les plus hautes montagnes sont les réservoirs d'où sortent les plus grands fleuves.

40. — Mais je n'ai plus trouvé qu'un horrible mélange
D'os et de chair meurtris et traînés dans la fange.

41. — La détention de cet homme s'est prolongée plus que je ne le croyais.

42. — Dans le Dieu de Jacob place ta confiance.

43. — La renonciation qu'il a faite de ses droits, n'a pas été volontaire; on la lui a arrachée par la crainte.

44. — Le beurre de Bretagne a plus de réputation que le beurre de Normandie.

45. — Lorsque Titus passait un jour sans faire du bien à quelqu'un, il s'écriait, le soir : J'ai perdu ma journée.

46. — Le passé n'est à personne, le présent est à nous, l'avenir est à Dieu.

47. — Le croquis que j'ai vu de ce tableau me donne beaucoup d'espoir pour l'auteur.

48. — N'attendez pas la dernière heure pour commencer à bien vivre.

49. — La mémoire est un des plus beaux dons que nous puisse faire la nature.

50. — Vous chantiez, j'en suis bien aise,
   Eh bien, dansez maintenant.

51. — On ne saurait mettre trop de prudence dans le choix de ses amis.

52. — De l'opprimé toujours je prendrai la défense.

53. — L'émotion que m'a causée votre lettre a gagné tous ceux à qui je l'ai communiquée.

54. — Il est suspendu de ses fonctions, et cette suspension sera de trois mois.

55. — Ma portion de l'héritage de mon oncle est moindre que je ne l'aurais cru.

56. — La frégate *l'Andromède* est heureusement arrivée à sa destination; il n'y a pas eu de désertion à bord.

57. — Nos passions sont des bas-fonds sur lesquels notre expérience échoue fort souvent.

58. — Désirer la continuation de l'esclavage, c'est désirer la subversion de tous les principes moraux que l'Evangile nous a enseignés.

59. — Les réflexions qu'ont fait naître en moi le Génie du Christianisme, ce bel ouvrage

de M. de Châteaubriand, ne sont pas près de s'effacer de ma mémoire.

60. — L'amphibologie est un défaut dont il faut soigneusement se garder en écrivant.

61. — L'ambitieux creuse souvent lui-même l'abyme où il doit tomber.

62. — On rencontre encore, dans la Nouvelle Zélande, des nations anthropophages.

63. — Il y a des caractères anguleux dont on ne peut s'approcher sans se blesser.

64. — Il s'est embarqué pour l'Amérique.

65. — Votre robe n'a pas assez d'ampleur.

66. — L'immortalité console les grands hommes des persécutions qu'ils essuient.

67. — L'espoir d'une condition plus heureuse adoucit les peines qu'on éprouve.

68. — On garde sans remords ce qu'on acquiert sans crime.

69. — Nous essayons de nous faire honneur des défauts que nous ne voulons pas corriger.

70. — La faiblesse est plus opposée à la vertu que le vice.

71. — Il s'en faut bien que nous connaissions tout ce que nos passions nous font faire.

72. — La vanité nous fait faire plus de choses contre notre goût que la raison.

73. — L'esprit s'attache par paresse et par constance à ce qui lui est facile ou agréable. Cette habitude met toujours des bornes à nos connaissances, et jamais personne ne s'est donné la peine d'étendre et de conduire son esprit aussi loin qu'il pourrait aller.

74. — Il vaut mieux employer votre esprit à supporter les infortunes qui vous arrivent qu'à prévoir celles qui peuvent arriver.

75. — Toutes les passions ne sont autre chose que les divers degrés de la chaleur et de la froideur du sang.

76. — La modération dans la bonne fortune n'est que l'appréhension de la honte qui suit l'em-

portement, ou la peur de perdre ce que l'on a.

77. — C'est une preuve de peu d'amitié de ne s'apercevoir pas du refroidissement de celle de nos amis.

78. — Je ne sais quoi d'heureux est répandu sur le visage d'un honnête homme.

79. — Nous vous enverrons les volumes que vous nous avez demandés, aussitôt que nous le pourrons.

80. — Le premier Novembre est tombé le Mardi l'année passée.

81. — Le Calvinisme s'éloigne davantage du Catholicisme que le Luthéranisme, qui, cependant, en est déjà assez loin.

82. — On éternise par la haine une offense passagère.

83. — Les Hébreux formaient en Egypte une formidable agrégation d'hommes unis par un même intérêt et par une même croyance.

84. — Alongez la syllabe et le son sera juste.

85. — Cet homme joue admirablement de la flûte. Quand on l'entend, la musique semble le premier des arts.

86. — La raison est de l'homme et le guide et l'appui ;
Il l'apporte en naissant, elle croît avec lui ;
C'est elle qui, des traits de sa divine flamme,
Purifiant son cœur, illuminant son ame,
Montre à ce malheureux, par le vice abattu,
Que la félicité n'est que dans la vertu.

87. — Saint Chrysostôme était un des Pères de l'Eglise.

88. — Si veut le Roi, si veut la Loi.

89. — On se soumettrait volontiers aux décisions de l'Académie, si elle ne donnait pas souvent deux orthographes différentes pour le même mot.

90. — L'église de mon village a été entièrement restaurée cette année.

94. — Pour grands que soient les rois, ils sont ce que nous
sommes,
Et peuvent se tromper comme les autres hommes.

92. — Quant à la morale, remercions l'Être-Suprême de l'avoir séparée des autres sciences, et de ne l'avoir pas abandonnée à l'incertitude et aux aberrations de l'esprit humain.

93. — Cette bonne mère s'est proposé d'enseigner à ses enfants l'Histoire et la Géographie qu'ils n'ont jamais bien sues.

94. — Quoique les sophistes grecs, par la subtilité de leur esprit, aient abusé de la logique d'Aristote, on ne peut néanmoins leur refuser le tribut d'éloges que mérite l'idée qu'il paraît avoir eue le premier de classer et de discuter les diverses formes de raisonnement.

95.—Par quels moyens honteux, par quels chemins étranges
Nous conduit le désir d'obtenir des louanges.

CHAPITRE XXVI.

—

SUR LES SIGNES ORTHOGRAPHIQUES.

—

(733 à 750.)

1. — La voie des méchants est pleine de ténèbres pendant toute leur vie, et ils ne savent où ils tombent à leur mort.

2. — Là, pour nous enchanter, tout est mis en usage,
Tout prend un corps, une ame, un esprit, un visage.

3. — Où sera l'orgueil et le mépris des autres, là sera aussi l'ignominie et la confusion; mais

où est l'humilité, là est pareillement la gloire et la sagesse.

4. — La justice des justes les délivrera; mais les méchants seront pris dans leurs propres piéges.

5. — De cette passion la sensible peinture
Est pour aller au cœur la route la plus sûre.

6. — Le désir de paraître instruit fait qu'on néglige souvent le moyen de le devenir.

7. — La nature, féconde en bizarres portraits,
Dans chaque ame est marquée à de différents traits.

8. — La bonne grace est au corps ce que le bon sens est à l'esprit. Le silence est le parti le plus sûr pour celui qui se défie de lui-même.

9. — On a souvent tort par la façon dont on a raison.

10. —Faites choix d'un censeur solide et salutaire,
Que la raison conduise et le savoir éclaire,
Et dont le crayon sûr d'abord aille chercher
L'endroit que l'on sent faible et qu'on veut se cacher.

11. — Il y a une infinité de conduites qui paraissent ridicules, et dont les raisons cachées sont très-sages et très-solides.

12. — Il est plus facile de paraître digne des emplois qu'on n'a pas, que de ceux qu'on exerce.

13. —Sans tous ces ornements, le vers tombe en langueur,
La poésie est morte ou rampe sans vigueur.

14. — Il faut demeurer d'accord, à l'honneur de la vertu, que les plus grands malheurs des hommes sont ceux où ils tombent par leurs crimes.

15. — On est presque également difficile à contenter quand on a beaucoup d'amitié et quand on n'en a plus guère.

16. — Tel est de ce poème et la force et la grace.

17. — Ce qui rend les douleurs de la honte et de la jalousie si aiguës, c'est que la vanité ne peut servir à les supporter.

18. — Cherche-t-il quelquefois ce globe de la terre ,
      Qui dans l'espace immense en un point se resserre?

19. — Non-seulement Lebrun se montre très-grand poète, il est encore poète très-varié dans le même genre : il est tour-à-tour Horace et Pindare.

20. — On a représenté sur ce théâtre deux ouvrages assez bons ; le premier a été joué le huit, le second le onze de ce mois; mais celui donné le onze n'a pas réussi complètement.

21. — Laissons-les donc entre eux s'escrimer en repos.

22. — Nous forçâmes la porte, et, en entrant, nous aperçûmes la personne que nous cherchions.

23. — Les stances avec grace apprirent à tomber,

24. — Il est arrivé le huit de ce mois.

25. — Ces sénateurs, noircis de cent forfaits divers ,
      Dont chacun d'entre vous a reçu quelque offense.

26. — La loi de Moïse coïncide en beaucoup de points avec la loi naturelle.

27. — Socrate fut condamné à boire la ciguë.

28. — L'âge viril, plus mûr, inspire un air plus sage.

29. — Quelque attention que je prête à ce qu'il me dit, je ne puis savoir où il veut en venir.

30. — Le ciel brille d'éclairs, s'entr'ouvre et parmi nous
      Jette une sainte horreur qui nous rassure tous.

31. — Le maçon est venu et le couvreur aussi ; ils s'arrangeront entre eux comme ils l'entendront.

32. — Ce front si plein de grace et si cher à ses yeux.

33. — S'il vient, vous lui direz qu'il attende ; je serai bientôt de retour.

34. — Jadis on les chantait : les annales antiques
      De Moïse et d'Orphée exaltent les cantiques.

35. — J'ai exigé qu'il vînt me payer ce qui m'est dû par sa femme.

36. — Peut-être on t'a conté la fameuse disgrace
      De l'altière Vasthi dont j'occupe la place.

37. — C'est le onze Novembre que j'aurai trente-un ans.

38. — Je vins, mais je cachai ma race et mon pays.

39. — Un poète anglais a dit : Le temps de l'adversité peut être regardé comme la saison de la vertu.

40. — Tout homme qui n'aspire pas à se faire un grand nom, n'exécutera jamais de grandes choses.

41. — On se met de niveau avec un ennemi, lorsqu'on se venge d'une offense ; on s'élève au-dessus de lui, lorsqu'on l'oublie.

42. — Comme ces tendres fleurs qu'amène le printemps,
Qui, fleurissant trop tôt, meurent épanouies,
L'esprit moqueur, aimé des ames réjouies,
Est comme une épousée, à cortége d'amants :
Plus il plaît à chacun, plus vifs sont nos tourments.

43. — L'Histoire est le roman des faits, et le roman est l'histoire des sentiments.

44. — Le principe de notre estime ou de notre mépris pour une chose, est le besoin ou l'inutilité dont elle nous est.

45. — Une œuvre n'est jamais critiquée à demi,
Car tout méchant auteur est un méchant ami.

46. — J'ai souvent remarqué que le premier mouvement de ceux qui ont fait quelque action héroïque, a été de refuser la récompense qu'on leur offrait.

47. — Trois choses ne se connaissent qu'en trois occasions : le courage à la guerre, la sagesse au moment de la colère, l'amitié dans l'adversité.

48. — Un reproche trop vrai toujours est mal reçu
S'il n'est accompagné d'une forme polie.

49. — L'orphelin n'est pas celui qui a perdu son père, c'est celui qui n'a ni science ni bonne éducation.

50. — La femme qui s'estime plus pour les qualités de son ame ou de son esprit que pour sa beauté, est une femme supérieure à son sexe.

51. — Jusqu'au pied des autels il s'élance après vous :
Où marche à peine un ange on voit courir les fous.

52. — Les instants sont à nous, n'attendons pas les années. Aujourd'hui est là, gardons-nous de le perdre; si demain arrive, tant mieux! il faudra le traiter comme un ami que le Ciel nous envoie, et le fêter, dût-il partir le soir même.

53. — Bientôt, dans l'Univers, pas une seule lyre
N'osa braver les lois du sage de Stagyre.
Les poètes, ce peuple au courage indompté,
Amants d'une sauvage et sainte liberté,
Acceptèrent son code et crurent convenable
Que, domptant la nature, il asservît la Fable.

54. — Quelque effort que fasse un paresseux, il n'arrive jamais à temps.

55. — Les chefs-d'œuvre de l'antiquité ont tour-à-tour passé devant mes yeux. Au milieu de la tempête qu'excitent en France tant de mauvais écrits, les vers d'Horace et de Virgile sont comme l'arc-en-ciel qui annonce de beaux jours.

56. — Va-t'en loin de ces lieux, qu'indigne ta présence,
Chercher de tes forfaits la sûre récompense.

57. — La faveur du prince nous avait rendus presque égaux en puissance.

58. — Quoique Alexandre refuse la place que j'ai obtenue pour lui, je ne renonce pas à m'occuper de sa fortune et de son avenir.

59. — Par sa grace naïve Horace est séduisant;
Son babil sans méthode instruit en amusant.

60. — Les ouvrages des auteurs païens sont empreints, en général, d'une sécheresse d'ame qu'on ne trouve jamais dans les écrivains chrétiens.

61. — Les 'Israélites étaient au nombre de soixante-dix, quand ils entrèrent en Egypte.

62. — Deux cent quatre-vingt-douze hommes sont restés sur le champ de bataille.

63. — Il vous faudra attendre encore long-temps avant de revoir votre frère; voilà cependant dix-huit ans qu'il est parti pour les Etats-Unis.

64. — J'ai reçu les trois cents francs que vous m'avez envoyés; cette somme-là ira en déduction de celle que me doit votre père.

65. — Et toi, hardi Longin, dont le cœur de critique
Reçut des chastes sœurs la flamme poétique,
Juge ardent, mais loyal, et dont l'intégrité
Marqua tous tes arrêts d'impartialité,
Tu donnes à tes lois l'appui de ton exemple,
Et chez toi le sublime a rencontré son temple.

66. — L'athéisme est un arbre sans racines.

67. — Je n'ai pas lu ces deux ouvrages; envoyez-les-moi.

68. — Sur beaucoup de points nos aïeux étaient plus sages que nous, c'est-à-dire moins fous.

69. — Lorsque vos raisins seront mûrs, faites-moi la grace de m'en envoyer.

70. — Il s'est tû aussitôt qu'il m'a vu entrer.

71. — Ni méchant, ni flatteur, je connais mes défauts,
Mais à m'en corriger je suis prêt à propos.

CHAPITRE XXVII.

RÉCAPITULATION SUR L'ORTHOGRAPHE (MOTS ET SIGNES)

(683 à 750.)

1. — L'ambition, qui n'est pas accompagnée d'un talent réel, amène tôt ou tard une disgrace.

2. — Celui qui le matin a écouté la voix de la vertu peut mourir le soir.

3. — Les poètes divins, maîtres des nations,
Savaient noter alors l'accent des passions.
L'ame était adoucie, et l'oreille charmée.

4. — L'aversion du mensonge est souvent une imperceptible ambition de rendre nos témoignages considérables, et d'attirer à nos paroles un respect de religion.

5. — L'aspect de ces climats, depuis longtemps célèbres,
Déja de l'ignorance éclaircit les ténèbres.

6. — La santé de l'ame n'est pas plus assurée que celle du corps ; et, quoique l'on paraisse éloigné des passions, on n'est pas moins en danger de s'y laisser emporter que de tomber malade quand on se porte bien.

7. — Et la terre et le fleuve, et leur flotte et le port,
Sont des champs de carnage où triomphe la mort.

8. — La modération ne peut avoir le mérite de combattre l'ambition et de la soumettre ; elles ne se trouvent jamais ensemble. La modération est la langueur et la paresse de l'ame, comme l'ambition en est l'activité et l'ardeur.

9. — On ne saurait conserver longtemps les sentiments qu'on doit avoir pour ses amis et pour ses bienfaiteurs, si l'on se laisse la liberté de parler souvent de leurs défauts.

10. — Vous les eussiez vus tous, retournant en arrière,
Laisser entre eux et nous une vaste carrière.

11. — La jalousie naît toujours avec l'amour ; mais elle ne meurt pas toujours avec lui.

12. — On ne plaît pas longtemps quand on n'a qu'une sorte d'esprit.

13. — J'étais glacé de crainte, ét cependant la foule
S'entr'ouvre, me fait place et lentement s'écoule.

14. — La sagesse est un trésor qui n'embarrasse jamais ; il faut prendre tous les moyens pour l'acquérir.

15. — Ceux qui embrassent la pratique de la vertu dans un âge avancé, font, par-là même, un sacrifice à Dieu des restes du diable.

16. — Et marquant à mon bras la place de son cœur,
Semblait d'un coup plus sûr implorer la faveur.

17. — Un fils qui a fait verser des larmes à sa mère peut seul les essuyer.

18. — Tigres que nos aïeux nourrissaient dans leur sein.

19. — L'interruption des communications entre l'Angleterre et la France est depuis longtemps si complète, que les nouveautés de la littérature anglaise nous sont presque entièrement inconnues.

20. — Un gros de nos amis que son danger excite
Entre elle et ces soldats vole et se précipite.

21. — Un enfant doit être dans une éternelle appréhension de faire quelque chose qui déplaise à ses parents; cette crainte doit l'occuper sans cesse : en un mot, il doit agir, dans tout ce qu'il fait, avec tant de précaution, qu'il ne fasse jamais rien qui offense ou qui afflige tant soit peu les auteurs de ses jours.

22. — Pénibles à cueillir, mais à perdre faciles,
Jamais de tels lauriers ne nous laissent tranquilles;
Sûr de déplaire aux uns, mais non de plaire à tous,
Cet esprit-là des sots excite le courroux.

23. — On ne parvient guère à amasser de grandes richesses sans faire trois sacrifices inappréciables : celui du repos, celui de l'honneur, et celui de la réputation.

24. — L'estime de soi-même, qui se fait trop sentir, ne manque jamais d'être puni par le mépris universel.

25. — La fortune des riches, la gloire des héros, la majesté des rois, tout finit par ci-gît.

26. — La modération dans les plaisirs n'est pas toujours une vertu ; tel homme est en réputation de sagesse qui n'a que du flegme et de l'insensibilité.

27. — Un intendant écrivit au bas d'un placet une ordonnance au crayon. On en appela au conseil. M. d'Aguesseau, prenant la parole, dit : C'est une affaire à terminer avec de la mie de pain.

28. — Pardonner est d'un Dieu, se tromper est d'un homme.

29. — Celui dont le cœur est corrompu ne trouvera point le bien, et celui qui a la langue double tombera dans le mal.

30. — Les lèvres de l'insensé s'embarrassent dans des disputes, et sa bouche s'attire des querelles.

31. — Le pauvre ne parle qu'avec des supplications ; mais le riche lui répond avec des paroles dures.

32. — Ne mangez point avec un homme envieux et avare, et ne désirez point de ses viandes. Buvez et mangez, vous dira-t-il ; mais son cœur n'est point avec vous, et il pense tout le contraire.

33. — Heureux, trois fois heureux ces Pères du désert,
Au langage pieux et saintement disert.

34. — Si vous vous abattez au jour de l'affliction, en perdant votre confiance, votre force en sera affaiblie : soutenez-vous donc en tout temps.

35. — Celui qui porte un faux témoignage contre son prochain, est un dard, une épée et une flèche perçante.

36. — Si votre ennemi a faim, donnez-lui à manger ; s'il a soif, donnez-lui de l'eau à boire.

37. — N'est-il donc à ma voix nulle voix qui réponde ?
Es-tu donc un cercueil, solitude profonde
Où depuis si longtemps dorment mes passions ?

38. — Le calomniateur s'est tû : sa voix impure ne pouvait ternir tant de vertus.

39. — Lorsqu'une personne a mérité notre confiance, accordons-la-lui tout entière.

40. — Quelque bien qu'on nous dise de nous, on ne nous apprend rien de nouveau.

41. — Le trop grand empressement qu'on a de s'acquitter d'une obligation est une espèce d'ingratitude.

42. — Profondément ému de ce tableau sacré,
Je sentis dans mon cœur, d'un jour pur pénétré,
Jaillir de ces pensers dont les ailes de flamme
Vont de notre ame au Ciel et du Ciel à notre ame,
Et qui, pour revêtir un perceptible corps,
Du luth de Lamartine empruntent les accords.

43. — Il est bien de n'arriver jamais trop tôt ni trop tard.

44. — Ce qui fait voir que les hommes connaissent mieux leurs fautes qu'on ne le pense, c'est qu'ils n'ont jamais tort quand on les entend parler de leur conduite; le même amour-propre qui les aveugle d'ordinaire, les éclaire alors et leur donne des vues si justes, qu'il leur fait supprimer ou déguiser les moindres choses qui peuvent être condamnées.

45. — On ne peut répondre de son courage quand on n'a jamais été dans le péril.

46. — L'imitation est toujours malheureuse, et tout ce qui est contrefait déplaît avec les mêmes choses qui charment lorsqu'elles sont naturelles.

47. — Telle, la nuit, on voit, d'une lampe expirante,
La débile lueur par degrés s'affaiblir;
Puis, ranimant soudain sa flamme vacillante,
Par un dernier effort, surgir vive et brillante
Au moment de mourir !

48. — La vertu est l'habitude des bonnes actions; le vice est celle des mauvaises.

49. — La médisance est un feu dévorant qui flétrit tout ce qu'il touche, qui exerce sa fureur sur le bon grain comme sur la paille, sur le profane comme sur le sacré; qui ne laisse, partout où il a passé, que la ruine et la désolation; qui creuse jusque dans les entrailles

de la terre, et va s'attacher aux choses les plus
cachées ; qui change en de viles cendres ce qui
nous avait paru il n'y a qu'un moment si précieux et si brillant ; qui, dans le temps même
qu'il paraît couvert et presque éteint, agit avec
plus de violence et de danger que jamais ; qui
noircit ce qu'il ne peut consumer, et qui sait
plaire et briller quelquefois avant de nuire.

50. — A vous, le prêtre, à vous, l'apôtre,
    Ce privilége de douceur !
    Votre mère sera la nôtre ;
    Votre ame est déjà notre sœur.
    Avec vous nous pourrons atteindre
    Au foyer qu'on ne peut éteindre !
    Ce feu si pur, si saint, si beau,
    La seule Eglise le recèle :
    Nous en voulons une étincelle
    Pour rallumer notre flambeau.

CHAPITRE XXVIII.

—

RÉCAPITULATION GÉNÉRALE.

1. — Le sort apaise les différends, et il est
l'arbitre entre les Grands mêmes.

2. — Chacun court à l'avenir comme un oiseau à l'épi de blé que le vent emporte, et nous
négligeons le champ du présent, où nous trouverions bien d'autres épis.

3. — C'est donc bien vainement que nos auteurs déçus,
    Bannissant de leurs vers ces ornements reçus,
    Pensent faire agir Dieu, ses Saints et ses Prophètes
    Comme ces dieux éclos du cerveau des poètes.

4. — Une tuile tombe, un accès de fièvre survient, une veine se rompt, et le lendemain meurt avec l'espérance.

5. — Les défauts de l'ame sont comme les blessures du corps, quelque soin qu'on prenne pour les guérir, la cicatrice paraît toujours, et elles sont à tout moment en danger de se rouvrir.

6. — Triste objet où des dieux triomphe la colère,
Et que méconnaîtrait l'œil même de son père.

7. — Les hommes ne sont pas seulement sujets à perdre le souvenir des bienfaits et des injures, ils haïssent même ceux qui les ont obligés, et cessent de haïr ceux qui leur ont fait des outrages.

8. — Lorsque les grands hommes se laissent abattre par la longueur de leurs infortunes, ils font voir qu'ils ne les soutenaient que par la force de leur ambition, et non par celle de leur ame; et qu'à une grande vanité près, les héros sont faits comme les autres hommes.

9. — Ils s'arrêtent non loin de ces tombeaux antiques
Où des rois ses aïeux sont les froides reliques.

10. — Ce qui nous rend si changeants dans nos amitiés, c'est qu'il est difficile de connaître les qualités de l'ame et facile de connaître celles de l'esprit.

11. — Il semble que la nature ait prescrit à chaque homme, dès sa naissance, des bornes pour les vertus et pour les vices.

12. — Vous dirai-je les noms de ces grands personnages
Dont j'ai dépeint les morts pour aigrir les courages;
De ces fameux proscrits, ces demi-dieux mortels,
Qu'on a sacrifiés jusque sur les autels?

13. — Rien n'est moins sincère que la manière de demander et de donner des conseils. Celui qui en demande paraît avoir une déférence respectueuse pour les sentiments de son ami,

bien qu'il ne pense qu'à lui faire approuver les siens, et à le rendre garant de sa conduite; et celui qui conseille, paie la confiance qu'on lui témoigne, d'un zèle ardent et désintéressé, quoiqu'il ne cherche le plus souvent, dans les conseils qu'il donne, que son propre intérêt ou sa gloire.

14. — Mais quoique seul pour elle, Achille furieux
Epouvantait l'armée et partageait les dieux.

15. — Ce qui fait le mécompte dans la reconnaissance qu'on attend des graces que l'on a faites, c'est que l'orgueil de celui qui donne, et l'orgueil de celui qui reçoit, ne peuvent convenir du prix du bienfait.

16. — On perd quelquefois des personnes qu'on regrette plus qu'on n'en est affligé, et d'autres dont on est affligé et qu'on ne regrette guère.

17. — L'infortuné déjà voit cent spectres hideux,
Le Délire brûlant, le Désespoir affreux.

18. — La plupart des honnêtes femmes sont des trésors cachés qui ne sont en sûreté que parce qu'on ne les cherche pas.

19. — Quand du sein maternel porté dans ce séjour
Où mes premiers regards se sont ouverts au jour.

20. — Il y a une élévation qui ne dépend point de la fortune : c'est un certain air qui nous distingue, et qui semble nous destiner aux grandes choses; c'est un prix que nous nous donnons imperceptiblement à nous-mêmes; c'est par cette qualité que nous usurpons les déférences des autres hommes, et c'est elle d'ordinaire qui nous met plus au-dessus d'eux que la naissance, les dignités et le mérite même.

21. — Des lambeaux pleins de sang et des membres affreux,
Que des chiens dévorants se disputaient entre eux.

22. — Combien de jeunes gens croient être naturels, quand ils ne sont qu'impolis et grossiers.

23. — Ceux qui ont eu de grandes passions se trouvent toute leur vie heureux ou malheureux d'en être guéris.

24. — Vous ne pouvez me suivre où le Bon Dieu m'appelle.

25. — Fénélon, dès l'âge de six ans, n'envisagea la vertu que sous des traits aimables; il ne cherchait à plaire que par sa docilité et par sa modestie. Combien peu d'enfants peuvent lui être comparés !

26. — Tout passe donc, hélas! ces globes inconstants
Cèdent comme le nôtre à l'empire du temps;
Comme le nôtre aussi, sans doute ils ont vu naître
Une race pensante, avide de connaître.

27. — Si vous voulez être riche, n'apprenez pas seulement comment on gagne, sachez aussi comment on ménage.

28. — La gloire et l'amour du bien public, ne campent jamais où l'intérêt particulier commande.

29. — Il n'y a rien de si cher que le temps; ceux qui le perdent sont les plus blâmables de tous les prodigues.

30. — Si, étant magistrat, tu as découvert des crimes, ne t'en réjouis pas comme si tu avais fait une découverte heureuse; use de clémence en obéissant néanmoins à la loi, persuadé que toute la faute ne vient pas des coupables, mais qu'ils avaient pour complices, l'ignorance, le mauvais exemple, les fausses espérances ou la crainte de quelques maux qu'ils ne pensaient pas pouvoir éviter autrement.

31. — Quand on court après l'esprit, on attrape presque toujours les sottises.

32. — Nous pardonner à nous-mêmes les travers que nous ne pouvons souffrir dans les autres, c'est nous arroger le droit d'être fous tout seuls.

33. — Un faux ami est comme l'ombre du cadran solaire, qui se montre quand le soleil luit, et disparaît à l'approche du plus léger nuage.

34. — Ne souhaite pas la mort de ton ennemi; tu

la souhaiterais en vain, sa vie est entre les mains du Ciel.

35. — Qu'on ne dise pas que le divorce est permis aux Etats-Unis. Je sais que, s'il est autorisé par certaines lois, rendues trop précipitamment, les mœurs le condamnent ; et cela est si vrai, que la société flétrit toujours l'homme ou la femme qui a voulu profiter de la tolérance des lois.

36. — Ami de cet homme distingué, j'ai vu avec satisfaction qu'il n'y avait pas que moi qui susse apprécier ses talents et ses bonnes qualités, qui ont été la cause de sa perte.

37. — Télémaque versa de pieuses larmes sur le corps d'Hippias : ô grande ame, s'écria-t-il, tu sais combien j'ai estimé ta valeur !

38. — Ce monstre s'était aperçu du trouble de Susanne ; il avait même surpris des larmes près de tomber, et qu'elle s'était obstinée à repousser. Enfin, comme elle éclatait en sanglots, le perfide feignit de mêler ses pleurs à ceux de Susanne.

39. — Il fut arrêté, avant le départ de ma sœur, qu'un de nos amis, homme mûr, servirait désormais de conseil à cette pauvre enfant, et lui ferait toucher l'argent dont elle aurait besoin pour son entretien.

40. — Quels que soient les sacrifices que vous ait coûtés votre fortune, ils ne peuvent se comparer à celui que vous exigez de moi.

41. — Pourquoi les personnes d'un mérite distingué, quelle que soit la carrière qu'elles suivent, ne réunissent-elles pas leurs efforts pour soutenir toutes les idées qui ont en soi de la grandeur et de l'élégance ?

42. — Qui ne connaît le trait fameux d'Arria, épouse courageuse, qui, après s'être percé le sein, retira le couteau tout sanglant, et, le présentant à son mari, qui n'avait pas autant de fer-

meté qu'elle, lui dit : Pœtus, cela ne fait pas de mal.

43. — Les hommes et les affaires ont leur point de perspective. Il y en a qu'il faut voir de près pour en bien juger, et d'autres dont on ne juge jamais si bien que quand on en est éloigné.

44. — Celui qui, environné d'une Cour superbe sur laquelle il domine, ne craint point les caprices de la fortune, et qui fonde de crédules espérances sur ses faveurs trompeuses, n'a besoin, pour se désabuser, que de jeter les yeux sur mon état et sur celui de Troie.

45. — Les vers que je vous ai envoyés ce matin ont été composés par un employé, sinon supprimé, du moins près de l'être, et ils ont été adressés par lui au ministre.

46. — Il est des hommes qui ne croient point à la vertu, et qui ne rejettent aucun moyen, pourvu qu'il conduise à la fin qu'ils se sont proposée.

47 — C'est au siècle qui a précédé le nôtre, à ce siècle en tout comparable aux beaux jours d'Athènes et de Rome, que nous sommes redevables des progrès de cet art charmant dont vous faites vos plus chères délices.

48. — Je ne pourrais exprimer les sentiments d'admiration que m'inspira la vue de cet écrivain distingué dont j'avais lu, peu de jours auparavant, un des meilleurs ouvrages.

49. — Cette Vénus antique, que l'on a crue celle de Gnide, mais dont on ignore l'auteur, est la plus belle qui existe de toutes celles connues depuis trois cents ans qu'on exhume des monuments.

50. — Les tours, les cabanes, les palais et les églises furent renversés. On ne crut devoir respecter ni le riche ni le pauvre.

51. — Darius, après avoir passé le fleuve, délibéra un moment pour savoir s'il romprait le pont, ou s'il le traverserait; mais il aima mieux

livrer passage à ceux qui le poursuivaient que de fermer passage à ceux qui se sauvaient.

52. — On conseilla à une personne qui avait eu le malheur d'avaler des épingles, de ne pas perdre de temps, et de boire tout de suite une couple de blancs d'œufs.

53. — Il faut prendre garde de ne pas se servir d'expressions surannées, bien qu'elles paraissent le plus en vogue.

54. — La chaleur qu'il mettait à combattre était telle, qu'elle l'empêchait de faire des réflexions sur les dangers qu'il courait.

55. — La comédie que nous avons vu jouer nous a paru l'ouvrage d'un homme habile.

56. — Cette pièce est d'un homme qui annonce beaucoup de facilité; je ne doute pas qu'elle ne réussisse, sur quelque théâtre qu'on veuille la représenter.

57. — L'armée, qui avait reçu l'ordre de passer les Alpes, vient de recevoir celui de suspendre sa marche.

58. — En quelque poste que nous soyons placés, nous ferons notre devoir, et nous tâcherons d'acquérir dans les combats plus de gloire encore que nos aïeux n'en ont acquis.

59. — Quel homme vertueux! Quand il était malade, sa plus douce consolation était l'attachement de sa digne épouse. Il l'aimait comme elle méritait d'être aimée.

60. — J'ai su diriger sa course vagabonde à travers les dangers et les écueils, et le préserver des maux qui menaçaient ses derniers jours, et qui semblaient leur être réservés.

61. — Quelque abus qu'on puisse faire de l'air et du feu, il nous est impossible de renoncer à ces deux éléments qui sont si nécessaires à la vie.

62. — La dot considérable que cette mère donna à sa fille, en la mariant, fut employée à subvenir aux besoins des infortunés.

63. — Une société n'est jamais plus près d'être dissoute, que lorsqu'elle est parvenue à cet extrême degré de civilisation qui n'est que l'anéantissement de tous les principes de morale, et le relâchement de tous les ressorts du gouvernement.

64. — Ce service n'est pas le seul qu'on attende d'un héros si magnanime, et l'on peut tout espérer d'un prince qui unit la justice à la valeur.

65. — Croyez-vous imposer au public par cette expression banale de philosophie, expression devenue odieuse et ridicule par l'abus qu'on en a fait?

66. — Ne me plains pas, mon ami, je suis supérieur à ceux qui me condamnent aujourd'hui à mourir, et je suis plus heureux qu'eux.

67. — Il ne faut rien confier à une personne dont elle puisse se servir pour nous nuire quand l'occasion s'en présentera pour elle.

68. — J'aperçus deux cabinets de verdure; je m'en approchai et j'entrai dans celui qui était à gauche. J'y vis deux statues de marbre de Paros; l'une représentait l'Amour qui ajustait une flèche; l'autre, l'Hymen qui éteignait le flambeau de l'Amour.

69. — Vous avez droit de chasse, dites-vous; je ne sais pourtant pas qui a pu vous donner ce droit dans ce canton.

70. — Sur cette terre hérissée de ronces et d'épines, les oiseaux ne trouvaient aucun bocage qui pût leur servir d'abri.

71. — Ils ont banni du sein de la société de vertueux citoyens qui avaient tout fait pour le bonheur de cette même société, et souvent ils ont fait grace à des scélérats qui ne méritaient pas tant de clémence.

72 — Honorer la vieillesse, respecter le malheur, assurer des secours aux indigents, favoriser la propagation des lumières, c'est l'ouvrage des législateurs habiles.

73. — Nous devons mettre les lois qui régissent aujourd'hui la France, au-dessus de celles qui régissent l'Angleterre.

74. — Eucharis repartit : On me propose de me soumettre à la loi de Solon, qui permet à une femme, quand elle est héritière (et je le suis) de s'unir au plus proche parent de son époux.

, 75. — C'est en Italie surtout, dans cette Italie, qui est vraiment la patrie des beaux-arts, qu'il faut aller pour s'instruire.

76. — C'est au sein de la barbarie et de la licence, au milieu d'une foule de brigands occupés seulement de s'entr'égorger, que l'on vit s'élever un ordre de citoyens qui se consacra à la défense des opprimés et au maintien de la justice.

77. — On ne saurait dire combien de soins on se donnait pour préparer les enfants à la profession de chevalier. C'étaient ordinairement les dames qui se chargeaient du soin de leur enseigner leur catéchisme. Devenu écuyer, le jeune homme était présenté à l'autel par son père ; le prêtre célébrant prenait une épée et une ceinture qui étaient posées sur l'autel, et, après les avoir bénites, il attachait l'épée au côté du jeune homme, qui commençait alors de la porter. Les femmes ne contribuaient pas peu à entretenir les sentiments généreux qu'on avait inspirés aux jeunes chevaliers; elles n'employaient pas le temps des entretiens à des bagatelles futiles ou à de jolis riens : c'était par des éloges toujours mérités, que ces vertueuses héroïnes échauffaient le courage de leurs chevaliers. Faire des prisonniers, enlever un poste aux ennemis, monter à l'assaut, c'était ce qu'une dame exigeait de son chevalier pour juger s'il était digne d'elle.

78. — J'ai une maison et des champs plus beaux que les vôtres ; je les ai achetés d'un fermier qui avait besoin d'argent.

79. — Ce terrible événement arriva l'an mil

trois cent quarante-un. Quatre-vingt-trois mille personnes périrent de la peste.

80. — Je pense qu'il tombera aujourd'hui de la pluie : les hirondelles, qui volent bas, semblent du moins nous l'annoncer.

81. — Beaucoup de personnes font du café leurs plus chères délices ; je ne pense pas que cette liqueur soit dangereuse.

82. — Si les hommes étaient plus raisonnables, ils sauraient, pour s'entr'aider, rechercher et employer les procédés honnêtes dont ils manquent à l'égard des uns des autres.

83. — Lucrèce adopta avec fanatisme les principes de la philosophie dangereuse à laquelle Epicure donna naissance.

84. — Je sais bien que j'ai un grand nombre de rivaux ; mais, quel qu'il soit, un rival ne m'épouvante jamais.

85. — Cette église a de fort belles orgues ; mais je me suis trouvé dans une ville voisine, où j'ai entendu un orgue plus beau encore que celles-là.

86. — Attendez-moi ici une demi-heure, je vous rendrai les deux ouvrages que vous m'avez fait remettre hier, et que j'ai oublié de vous renvoyer.

87. — Certaines gens, qui se disent dévots, sont néanmoins tellement pressés, qu'ils sortent de l'église, où ils ont été entendre la messe, avant que le dernier évangile soit dit.

88. — La promenade est un délice pour mon frère ; quant à moi, l'étude seule fait toutes mes délices, car rien ne me semble en effet plus agréable que le travail.

89. — C'est à Westminster, ancienne ville qui fait aujourd'hui partie de Londres, que le parlement tient ses séances.

90. — L'hôtel des Invalides, sous quelque aspect qu'on l'envisage, soit par rapport à sa structure, ou

aux chefs-d'œuvre qui le décorent, est sans contredit le plus beau monument du siècle de Louis XIV.

91. — Un militaire distingué assura hier à mon frère que son colonel avait vu la veille le premier grenadier La Tour d'Auvergne, et qu'il lui avait parlé.

92. — Le ministre de l'intérieur vient d'arrêter qu'il sera établi un atelier de mosaïque dans le local consacré à l'institution des sourds et muets.

93. — Nous mourrons sans être regrettés, parce qu'aucun de ces liens si doux ne nous attache à la vie.

94. — Je me propose de vous envoyer les livres dont vous m'avez mandé ce matin avoir besoin pour compléter votre histoire romaine; je vous les ferai passer, de crainte que vous ne les trouviez pas dans la bibliothèque dont vous m'avez parlé.

95. — La narration est dramatique, et divisée en chapitres qui ont chacun leur titre.

96. — Dans cet endroit charmant sont de petites maisons bien bâties, où mille agréments sont réunis.

97. — Non-seulement Aristide fut absous du crime qu'on lui imputait, mais il fut encore réélu trésorier pour l'année suivante.

98. — Nous regardions ce vieillard avec étonnement et respect; il était nu-tête, et il avait les pieds et les jambes nues.

99. — Cet homme trouve toujours des ressources inattendues, et c'est lorsque sa perte paraît le plus assurée, qu'il triomphe le mieux des évènements.

100. — Mon frère n'est pas si instruit que vous le croyez; il aurait pu étudier les sciences qu'on nous a enseignées, mais il a toujours préféré jouer plutôt que d'étudier.

101. — La magnificence de tant de productions a donné naissance à des systèmes aussi ingénieux que brillants, et a dû, nécessairement, les accréditer.

102. — Où trouver dans ces productions ré-

centes ces traits fins et délicats, ce charme qui
supplée quelquefois au talent, ce bon ton qui est
pour l'esprit ce que la grace est pour la beauté ?

103. — Va-t'en manger ailleurs, disait un père
à son enfant encore jeune, va-t'en plus loin, ta barbe
est trop courte pour que tu puisses dîner avec moi.

104. — Avec quelque soin que soient préparés
les matériaux, c'est principalement à la dernière
retouche, c'est à la sage distribution des effets que
tient essentiellement le génie d'un auteur.

105. — Lucullus alla asseoir son camp sur des
hauteurs où il pouvait attaquer ou attendre l'ennemi.

106. — Il s'est montré assidu à nos séances ; il
les a fécondées par cet esprit d'ordre et de méthode
qui a le même degré d'importance vers quelque
destination qu'il se porte.

107. — J'ai vu ces malheureux forçats traverser
la ville; ils étaient nu-pieds et tête nue, quoiqu'il fît
un froid cruel.

108. — Ces assassins, qui avaient désolé le plus
beau pays du monde, furent pris et furent livrés
entre les mains de la justice ; ils ne tardèrent pas à
être exécutés.

109. — Aristide se montra juste dans toutes les
occasions; c'est une vertu qui est devenue bien rare
depuis le temps où l'on ne compte plus d'Aristides.

110. — Devant Dieu soit l'ame de Monsieur le
Comte de Gabalis, lequel, à ce qu'on vient de m'é-
crire, est mort d'apoplexie.

111. — Cette révolution se rapporte à l'époque
où la république athénienne, semblable à un
flambeau près de s'éteindre, projeta de vives
clartés.

112. — Je chante pour oublier mes angoisses et
ma lassitude ; si la première ou la seconde chan-
son ne me ranime pas, je suis ranimé par la
quatrième ou par la cinquième.

113. — Tout glorieux que sont les triomphes

que la république a déjà remportés, ils n'ont pas paru, à bien des gens, si beaux, si dignes d'éloges qu'ils le sont réellement.

114. — Certes, il se trompe fort; il me prend pour un oncle de comédie; qu'il vienne et nous la jouerons, la comédie.

115. — C'est quand les malheureux ont le plus besoin d'assistance, qu'on leur refuse toute espèce de secours et de consolations; en vain demandent-ils aux riches ce qui leur est nécessaire pour le soutien de leur frêle existence, ceux-ci leur refusent impitoyablement le peu qu'ils sollicitent.

116. — Il est une remarque qu'ont pu faire bien des gens; pour moi qui l'ai faite, j'en ai reconnu la vérité : c'est que la journée est pluvieuse quand les hirondelles volent bas dès le le matin.

117. — Je ne sais si les deux ouvrages que je vous ai prêtés vous ont paru bons; quant à moi, je les ai fort goûtés; il me semble qu'ils renferment les devoirs que tous les honnêtes gens doivent pratiquer, à quelque religion et à quelque nation qu'ils appartiennent.

118. — Une mère avait une fille dont personne ne pouvait s'empêcher d'admirer la conduite. Oui, disait-elle : Je me suis regardée comme heureuse, du jour où le Ciel m'a accordé cette enfant; mais je le suis surtout à présent qu'elle répond au tendre attachement et à l'amitié sincère que je lui ai toujours témoignée.

119. — Vous voyez le château auquel j'ai fait ajouter une aile et que j'ai rendu plus commode et plus logeable qu'il ne l'était auparavant.

120. — Heureux père, voyez cet enfant qui tressaille à vos tendres caresses. Assurez-lui que vous l'aimez autant qu'il vous aime.

121. — Quelque soin qu'on prenne pour ne rien

oublier, on omet toujours quelque chose qui souvent est essentiel.

122. — On a raison de dire que, plus un homme a de talent et de mérite, plus on le juge avec rigueur. Cette pensée est de M. Adam, qui était du collége et de l'académie de chirurgie.

123. — On a dit que les princes étaient d'autant plus coupables lorsqu'on ne les aime pas, qu'il ne leur en coûterait presque rien pour être aimés.

124. — Que j'aimais la conversation de ce savant, et que je partage bien sincèrement les regrets de sa mort! Ses discours étaient aussi profonds que ses écrits.

125. — Croyez-vous qu'en frappant je n'aie fait qu'obéir ?
Ne puis-je pas aussi mépriser et haïr ?

126. — Cette retraite des femmes, cette modestie, cette assiduité dans l'intérieur de leur ménage, devaient former, entre elles et leurs maris, le lien d'une société bien douce. Ni le mari ni la femme n'avaient alors la ressource de ces cercles où chacun va oublier sa maison et se distraire.

127. — Les aéronautes, arrivés à la hauteur convenue, lanceront un boulet d'une composition particulière, qui, sans feu ni mèche, s'allumera en tombant.

128. — Si vous ne me faites justice lorsque j'ai lieu de me plaindre, je serai bien forcé de me faire moi-même justice, bien que les lois s'y opposent.

129. — On y voit une tour séparée de toute habitation par divers plants d'arbres et par plusieurs jardins et terrasses.

130. — Mentor lui fit observer que les lois mêmes, quoique renouvelées, seraient inutiles, si l'exemple du Roi ne leur donnait pas une autorité qui ne pût venir d'ailleurs.

131. — Un homme livré à l'ambition se laisse-

t-il rebuter par les difficultés qu'il trouve sur son chemin ?

132. — On le voit, d'un air timide et soumis, essuyer les caprices d'un ministre.

133. — Poète, ses idées deviennent des impressions, des images, des accords.

134. — A sa voix, d'autres cieux, d'autres trésors s'ouvrent pour eux ; à sa voix, ils courent en foule aux pieds de ce Dieu qui compte leurs larmes, de ce Dieu, leur éternel héritage, qui doit les venger de cette exhérédation civile, à laquelle une Providence qu'on leur apprend à bénir les a dévoués.

135. — Ah ! la foi n'a point de malheureux : ces mystères de miséricorde dont on les environne, ces ombres, ces figures, le traité de protection et de paix qui se renouvelle, dans la prière publique, entre le Ciel et la Terre, tout les remue, tout les attendrit dans nos temples ; ils gémissent, mais ils espèrent, et ils en sortent consolés.

136. — Peignez-vous les ravages d'un mal épidémique, où plutôt, placez-vous dans ces cabanes infectes, habitées par la mort seule, incertaine sur le choix de ses victimes.

137. — Le monde, cet ingrat qu'il faut plaindre et servir, ne le connaît pas : s'occupe-t-il, hélas ! d'un citoyen utile, qui n'a d'autre mérite que celui de vivre dans l'habitude d'un héroïsme ignoré ?

138. — Cette vigilance que rien ne surprenait, cette fermeté d'ame que jamais nul obstacle n'arrêta, que jamais nul péril n'épouvanta, cette prévoyance à laquelle rien n'échappait.

139. — Cette étendue de pénétration, avec laquelle, dans les plus hasardeuses occasions, il envisageait d'abord tout ce qui pouvait, ou troubler, ou favoriser l'événement des choses.

140. — Semblable à un aigle dont la vue

perçante fait en un moment la découverte de tout un vaste pays.

141. — Venise, ou la Russie, disposerait aujourd'hui des passages de l'Inde et de tout le commerce du nouveau royaume d'Egypte.

142. — Cette femme resta plus d'une heure sans connaissance avant qu'on ait pu la rendre à la vie.

143. — Mes titres sont plus que suffisants pour que je puisse espérer que vous vouliez bien avoir égard à la prière que je vous fais.

144. — Aristide était aussi juste qu'il était courageux; personne, en effet, n'ignore qu'il se signala dans une affaire assez malheureuse.

145. — Pâris espérait que la nymphe Enone, se rappelant la tendresse qui les avait liés l'un à l'autre, emploierait, pour le sauver, les profondes connaissances qu'elle avait dans l'art de guérir; mais Enone, indignée que Pâris l'eût abandonnée, ne voulut lui prêter aucun secours.

146. — Le plus grand ouvrage de Varron est celui des antiquités romaines. C'est de ce bel ouvrage que Cicéron parle, en s'adressant à Varron même.

147. — On ne lira plus, on verra ces grandes scènes, et quand le charme aura disparu, on trouvera encore du plaisir à errer autour des tombeaux.

148. — Engagez votre parent à se hâter de venir, car ce seront les premiers venus, nous a-t-on dit, qui seront le mieux et le plus tôt servis.

149. — La religion n'abat ni n'amollit le cœur; elle l'ennoblit et l'élève.

150. — Dieu se lève, et, soudain, sa voix terrible appelle
De ses ordres secrets un ministre fidèle,
Un de ces esprits purs, qui sont chargés par lui
De servir aux humains de conseil et d'appui,
De lui porter leurs vœux sur leurs ailes de flamme,
De veiller sur leur vie et de garder leur ame.
Tout mortel a le sien : cet ange protecteur,

Cet invisible ami veille autour de son cœur,
L'inspire, le conduit, le relève s'il tombe,
Le reçoit au berceau, l'accompagne à la tombe,
Et, portant dans les Cieux son ame entre ses mains,
La présente, en tremblant, au Juge des humains.
C'est ainsi qu'entre l'homme et Jéhovah lui-même,
Entre le pur néant et la grandeur suprême,
D'êtres inaperçus une chaîne sans fin
Réunit l'homme à l'Ange, et l'Ange au Séraphin ;
C'est ainsi que, peuplant l'étendue infinie,
Dieu répandit partout l'esprit, l'ame et la vie.

151. — L'insensé répand tout d'un coup ce qu'il a dans l'esprit, le sage ne se hâte pas, et se réserve pour l'avenir.

152. — La souveraine habileté consiste à bien connaître le prix des choses.

153. — Il y a des gens auprès de lui qui ne valent rien.

154. — Ne nous livrons pas trop, de crainte qu'on ne nous trompe.

155. — Arrêtez ; à ses mœurs votre respect est dû :
La vertu dans les fers est toujours la vertu.

156. — Les véritables Sages vivent entre eux retirés et tranquilles.

157. — Quoique étranger, on vint me chercher pour me faire Roi.

158. — On peut regarder le climat comme la cause première et presque unique de la couleur des hommes.

159. — Quand on donne des conseils, pourquoi ne donne-t-on pas aussi la sagesse d'en profiter ?

160. — Quels hommes sont-ce là ? je ne les connais pas.

161. — Pour ne la plus aimer, j'ai cent fois combattu :
Je n'ai pu l'oublier ; au moins je me suis tû.

162. — Quoique invisibles, il est toujours deux témoins qui nous regardent : Dieu et la Conscience.

163. — J'aimerais mieux m'aller cacher dans quelque île déserte, que de me charger de gouverner une République.

164. — Il me fit une réponse ambiguë, à laquelle, quelque attention que j'y aie portée, je n'ai pu rien comprendre.

165. — .... les lettres anonymes
 Sont ordinairement les armes d'un méchant,
 Du plus vil assassin qui frappe en se cachant
 Sous le masque épais de sa bassesse extrême.

166. — Apollodore me fit entrer dans la palestre de Tauréas, en face du portique royal.

167. — Une triste expérience atteste à tous les pays et à tous les siècles, que le genre humain est injuste envers les grands hommes.

168. — La droiture du cœur, la vérité, l'innocence et la règle des mœurs, voilà la véritable grandeur et la seule gloire réelle que personne ne puisse nous disputer.

169. — Il renonçait au plaisir, de crainte que, en s'y abandonnant trop, il n'oubliât ce qu'il devait au service de son prince.

170. — Cette demeure est bien exiguë, mais quelque petite qu'elle soit, je la voudrais pleine de vrais amis.

171. — Celui qui rend un service doit l'oublier ; celui qui le reçoit doit s'en souvenir. Combien de gens font le contraire !

172. — En tous temps, en tous lieux, le public est injuste :
 Horace s'en plaignait sous l'empire d'Auguste.

173. — Il y a au troisième acte un brouillamini qui me déplaît.

174. — Il donne tous les ans mille écus, les aumônes extraordinaires y comprises.

175. — Les bienfaits que nous avons reçus de quelqu'un veulent que nous excusions les mauvais procédés qu'il a eus quelquefois à notre égard.

176. — Ce guerrier n'ose pas lever les yeux, et court renfermer dans sa tente le chagrin et la honte dont il est accablé.

177. — De livres et d'écrits, bourgeois admirateur,
 Vais-je épouser ici quelque apprentic auteur ?

178. — Les régions qu'ont parcourues nos Braves, sont pleines de nos exploits ; ils ont gagné, dira-t-on, presque toutes les batailles qu'ils ont livrées.

179. — Alliez la finesse à la simplicité ; par celle-ci vous éviterez de tromper, par celle-là vous éviterez d'être trompé.

180. — L'Egypte a contemplé et a publié les merveilles de vos exploits, ô très-illustre et très-généreux Emir.

181. — On perd l'esprit des médailles, lors qu'on explique par des paroles ce qui doit être expliqué par des emblêmes.

182. — Je vous ai envoyé douze brochures, y compris les deux que vous aviez déjà lues.

183. — De ce que le remède vraiment efficace reste encore à trouver, s'ensuit-il qu'on doive renoncer à le chercher?

184. — On jugera des éloges qu'a reçus l'auteur de cette jolie pièce, par les difficultés sans nombre qu'il a eues à surmonter, et qu'il a surmontées en effet.

185. — Nous autres hommes, c'est souvent par vanité, quelquefois par intérêt, que nous consumons notre vie dans la culture des arts.

186. — Elle allait se trouver mal si l'on ne se fût hâté de dégrafer sa robe.

187.— Mère écrevisse, un jour, à sa fille disait :
    Comme tu vas, Bon Dieu! ne peux-tu marcher droit ?

188. — Monsieur, je vous prie d'excuser tout ce que mes discours ont pu avoir d'irrégulier.

189. — Il ne faut pas bâtir sur le fonds d'autrui.

190. — Les oies et les chiens sont des animaux de bon guet.

191. — Il a fait carreler sa salle à manger en pierre de liais.

192.—Quand ma froide dépouille, étendue au cercueil,
    Sera couverte, hélas ! du funèbre linceul.

193. — Je ne serais pas surpris que peu de per-

sonnes consentissent à examiner cette cause que nous avons jugée d'avance.

194. — Vainement on me demanderait à qui appartiennent les diverses locutions que j'ai consignées dans cet ouvrage, après les avoir rassemblées de toutes parts, je ne pourais répondre à une pareille question, car, depuis plusieurs années, je m'occupe du soin de recueillir tout ce qui est vicieux en grammaire.

195. — C'est à la suite des orages politiques que se sont formés les plus grands écrivains qui aient jamais existé.

196. — La plus subtile folie se fait de la plus subtile sagesse.

197. — Caton étant déjà vieux, étudia la langue grecque qu'il avait négligé d'apprendre par mépris pour ce qui n'était pas romain.

198. — Allez, ô notre espoir ! allez, jeunes élus :
Pour apprendre la vie il faut suivre Jésus.
Vous êtes purs encore, aucun poids ne vous lasse,
Allez, marchez devant, c'est bien la votre place.

199. — Il n'y a que les pièces de toiles pleines, destinées à faire des nappes et des serviettes, qui aient des liteaux.

200. — La fable que j'ai entendu lire, n'a pas obtenu les suffrages des hommes de lettres qui se trouvaient dans notre assemblée ; tous l'ont jugée trop longue et trop peu morale.

201. — Le navire arrivait, sa voile blanche au vent,
Et, sans le voir, la mère accourt à la chapelle.
Peut-être ce navire est-il vide pour elle :
Le retour attendu nous trompe si souvent !

202. — Il n'y en a point qui pressent tant les autres, que les paresseux, qui, après avoir satisfait leur paresse, veulent paraître diligents.

203. — L'Institut se propose de rendre aux mots leur signification primitive, quelle que soit celle qu'ils aient reçue de l'usage.

204. — Ce philosophe laissa, dit-on, en mou-

rant, beaucoup plus de biens qu'il n'en avait hérité de son père.

205. — Dans l'immense cortége où les pauvres abondent,
Les voix, comme les rangs, s'unissent, se confondent.

206. — J'irai vous voir à midi précis.

207. — Bien que les productions d'esprit soient infinies, on peut, ce me semble, les distinguer de cette sorte :

208. — Il y a des choses si belles, que tout le monde est capable d'en voir et d'en sentir la beauté.

209. — Il y en a qui ont de la beauté et qui ennuient.

210. — Il y en a que tout le monde sent, quoique tous n'en sachent pas la raison.

211. — Il y en a qui sont si fines et si délicates, que peu de gens sont capables d'en remarquer toutes les beautés.

212. — Il y en a d'autres qui ne sont pas parfaites, mais qui sont dites avec tant d'art et qui sont soutenues et conduites avec tant de raison et de grace, qu'elles méritent d'être admirées.

213. — Il vous sera utile de connaître les recherches qu'on a faites dernièrement sur l'Antiquité et sur la Mythologie ; deux savants estimés nous les ont rendues plus faciles.

214. — Minuit était sonné, lorsque, lassé de l'attendre, je pris le parti de me coucher.

215. — Cet homme avait l'air tellement misérable que j'ai eu honte de l'inviter à ma table.

216. — Faites-leur observer que rien ne contribue plus à l'économie et à la propreté que de tenir chaque chose à sa place.

217. — Cet orgue est excellent ; il y en a peu qui lui soient comparables.

218. — Plusieurs des défauts que l'on rencontre dans La Fontaine, participent quelquefois des qualités aimables qui les avaient fait naître.

219. — Démosthènes et Cicéron ont porté l'éloquence à son plus haut période.

220. — Il a été arrêté qu'il y aura ce soir assemblée chez le président, c'est pourquoi je vous invite à vous y trouver.

221. — Ce docteur provoque des réglements contre les modes. Il est vrai que ce n'est point celles d'aujourd'hui qu'il attaque, mais bien les corps busqués et les talons hauts, qu'on ne porte plus.

222. — Je n'ai pas pu vous aller trouver, parce qu'il fallait nécessairement que je me rendisse au ministère des relations extérieures, où l'on m'attendait.

223. — Les grands hommes que cette ville a vus naître, méritent une place distinguée dans les annales de l'Histoire.

224. — Cette femme s'est cassé l'épaule; les douleurs qu'elle a souffertes ne peuvent se concevoir.

225. — Adorable vertu, que tes divins attraits,
Dans un cœur qui te perd, laissent de longs regrets !
De celui qui te hait ta vue est le supplice :
Parais ! que le méchant te regarde et frémisse !
La richesse, il est vrai, la fortune te fuit;
Mais la paix t'accompagne et la gloire te suit.

226. — Caton fut blâmé d'avoir réveillé cette affaire qu'on avait regardée dans le temps comme le fruit de l'animosité; on l'accusa de l'avoir renouvelée par suite de la haine qu'il avait toujours manifestée contre Scipion dont il avait censuré les dépenses exorbitantes.

227. — Mon fils naquit le dix Novembre mil sept cent quatre-vingt-onze.

228. — De toutes les passions, celle qui est le plus inconnue à nous-mêmes, c'est la paresse; elle est la plus ardente et la plus maligne de toutes, quoique sa violence soit insensible, et que les dommages qu'elle cause soient très-cachés. Si nous considérons attentivement son pouvoir, nous verrons qu'elle se rend, en toute occasion, maîtresse de nos sentiments, de nos intérêts et de nos plaisirs : c'est la rémore qui a la force d'arrêter les plus grands vaisseaux ; c'est une bonace plus dangereuse aux plus importantes affaires, que les écueils et que les plus grandes tempêtes. Le repos de la paresse est un charme secret de l'ame qui suspend soudainement les plus ardentes poursuites et les plus opiniâtres résolutions. Pour donner enfin la véritable idée de cette passion, il faut dire que la paresse est comme une béatitude de l'ame, qui la console de toutes ses pertes, et qui lui tient lieu de tous les biens.

229. — On doit se consoler de ses fautes, quand on a le courage de les avouer.

230. — La période oratoire est une phrase où plusieurs pensées viennent rayonner autour d'une pensée importante.

231. — Rien n'est pis qu'une mauvaise langue.

232.—Soutiendrez-vous un faix sous lequel Rome succombe , Sous lequel le grand Pompée a ployé lui-même ?

233. — On ne s'est aperçu que cette femme était pulmonique que lorsqu'il était trop tard pour la sauver.

234. — La Troade, si fière des poésies sublimes du Prince des poètes, attira les regards du voyageur ; mais il y perdit les magnifiques idées qu'il s'en était formées.

235. — Une des choses que je comprends le moins, c'est la licence que nous nous donnons de censurer dans les autres les mêmes défauts où nous tombons si souvent.

236. — DE LA CONFIANCE. — Bien que la sincérité et la confiance aient du rapport, elles sont néanmoins différentes en plusieurs choses.

237. — La sincérité est une ouverture de cœur, qui nous montre tels que nous sommes ; c'est un amour de la vérité, une répugnance à se déguiser,

un désir de se dédommager de ses défauts, et de les diminuer même par le mérite de les avouer.

238. — La confiance ne nous laisse pas tant de liberté : ses règles sont plus étroites; elle demande plus de prudence et de retenue, et nous ne sommes pas toujours libres d'en disposer. Il ne s'agit pas de nous uniquement, et nos intérêts sont mêlés d'ordinaire avec les intérêts des autres : elle a besoin d'une grande justesse pour ne pas livrer nos amis en nous livrant nous-mêmes, et pour ne pas faire des présents de leur bien, dans la vue d'augmenter le prix de ce que nous donnons.

239. — La confiance plaît toujours à celui qui la reçoit; c'est un tribut que nous payons à son mérite; c'est un dépôt que l'on commet à sa foi; ce sont des gages qui lui donnent un droit sur nous, et une sorte de dépendance où nous nous assujettissons volontairement.

240. — Je ne prétends pas détruire, par ce que je dis, la confiance, si nécessaire entre les hommes, puisqu'elle est le lien de la société et de l'amitié. Je prétends seulement y mettre des bornes, et la rendre honnête et fidèle. Je veux qu'elle soit toujours prudente, et qu'elle n'ait ni faiblesse ni intérêt. Je sais bien qu'il est malaisé de donner de justes limites à la manière de recevoir toute sorte de confiance de nos amis et de leur faire part de la nôtre.

241. — On se confie le plus souvent par vanité, par envie de parler, par le désir de s'attirer la confiance des autres, et pour faire un échange de secrets.

242. — Il y a des personnes qui peuvent avoir raison de se fier en nous, envers qui nous n'aurions pas raison d'avoir la même conduite; et on s'acquitte avec ceux-ci en leur gardant le secret, et en les payant de légères confidences.

243. — Il y en a d'autres dont la fidélité

7

nous est connue, qui ne ménagent rien avec nous, et à qui l'on peut se confier par choix et par estime. On doit ne leur rien cacher de ce qui ne regarde que nous, se montrer à eux toujours vrais dans nos bonnes qualités et dans nos défauts même, sans exagérer les unes et sans diminuer les autres; se faire une loi de ne leur faire jamais de demi-confidences; elles embarrassent toujours ceux qui les font et ne contentent jamais ceux qui les reçoivent. On leur donne des lumières confuses de ce qu'on veut cacher, on augmente leur curiosité, on les met en droit de vouloir en savoir davantage, et ils se croient en liberté de disposer de ce qu'ils ont pénétré. Il est plus sûr et plus honnête de ne leur rien dire, que de se taire quand on a commencé à parler. Il y a d'autres règles à suivre pour les choses qui nous ont été confiées; plus elles sont importantes, plus la prudence et la fidélité y sont nécessaires.

244. — Tout le monde convient que le secret doit être inviolable; mais on ne convient pas toujours de la nature et de l'importance du secret. Nous ne consultons le plus souvent que nous-mêmes sur ce que nous devons dire et sur ce que nous devons taire. Il y a peu de secrets de tous les temps, et le scrupule de les révéler ne dure pas toujours.

245. — On a des liaisons étroites avec des amis dont on connaît la fidélité; ils nous ont toujours parlé sans réserve, et nous avons toujours gardé les mêmes mesures avec eux. Ils savent nos habitudes et nos commerces, et ils nous voient de trop près pour ne pas s'apercevoir du moindre changement. Ils peuvent savoir par ailleurs ce que nous sommes engagés à ne dire jamais à personne. Il n'a pas été en notre pouvoir de les faire entrer dans ce qu'on nous a confié; ils ont peut-être même quelque intérêt de le savoir; on est assuré d'eux comme de soi, et l'on se voit

réduit à la cruelle nécessité de perdre leur amitié, qui nous est précieuse, ou de manquer à la foi du secret. Cet état est sans doute la plus rude épreuve de la fidélité, mais il ne doit pas ébranler un honnête homme : c'est alors qu'il lui est permis de se préférer aux autres. Son premier devoir est de conserver indispensablement son dépôt en son entier. Il doit non-seulement ménager ses paroles et ses tons, il doit encore ménager ses conjectures, et ne laisser rien voir, dans ses discours ni dans son air, qui puisse tourner l'esprit des autres vers ce qu'il ne veut pas dire.

246. — On a souvent besoin de force et de prudence pour les opposer à la tyrannie de la plupart de nos amis, qui se font un droit sur notre confiance, et qui veulent tout savoir de nous : on ne doit jamais leur laisser établir ce droit sans exception. Il y a des rencontres et des circonstances qui ne sont pas de leur juridiction; s'ils s'en plaignent, on doit souffrir leurs plaintes et s'en justifier avec douceur; mais s'ils demeurent injustes, on doit sacrifier leur amitié à son devoir et choisir entre deux maux inévitables, dont l'un se peut réparer et dont l'autre est sans remède.

(La Rochefoucauld.)

247. — Songez, mon fils, au plus tendre des pères : son bonheur ou son malheur dépend de votre attachement à la vertu.

248. — Le contrat de mariage portait que la mère demeurerait chez son gendre, au cas qu'elle survécût à sa fille.

249. — Pourquoi n'avez-vous pas accompagné vos parents, que j'ai vus sortir seuls et qui comptaient sur vous? Ils sont venus s'informer des progrès que vous êtes censé avoir faits depuis deux ans que vous fréquentez les différents cours que nous avons ouverts ici.

250. — Dans nos jours passagers de peines, de misères,
Enfants d'un même Dieu, vivons du moins en frères;
Aidons-nous l'un à l'autre à porter nos fardeaux.

251. — Ne dites pas à votre ami, qui vous demande quelque chose : Allez et revenez, je vous le donnerai demain, lorsque vous pouvez le lui donner aujourd'hui.

252. — Quelques belles choses que vous écriviez, elles ne seront jamais goûtées, si vous les prononcez mal.

253. — Et retenez de moi ce salutaire avis :
Pour savoir quelque chose, il faut l'avoir appris.

254. — C'est un grand défaut, dans un ministre, dans un juge, dans un homme en place, d'être rébarbatif.

255. — Nos bombes tombaient aussi à tous moments sur ces demi-lunes, et semblaient les renverser sens dessus dessous.

256. — Je crois qu'à mon avis tout le monde radote;
Qu'il a la tête vide et sens dessus dessous.

257. — Les guerres onéreuses que la France a eues à soutenir, les sommes exorbitantes qu'elle a employées pour la solde de ses troupes, n'ont pas peu contribué à accroître les dépenses publiques.

258. — Les fatigues qu'ont essuyées nos valeureux soldats ne les engagent point à s'enrôler de nouveau; cependant, quelques souffrances qu'ils aient endurées, nous aimons à croire qu'ils oublieraient bientôt les périls qu'ils ont courus et les maux qu'ils ont soufferts, s'il était besoin de leur courage pour ajouter de nouveaux triomphes à ceux qu'ils ont déjà obtenus.

259. — Il se servit du ministère
De l'âne à la voix de Stentor.

260. — La blanchisseuse m'a rapporté deux taies d'oreiller et six serviettes à liteaux rouges; c'est par mégarde que, la semaine dernière, en essangeant son linge, elle a mis à la lessive un de

mes beaux foulards. Je l'ai fortement morigénée, et cette contravention à mes ordres ne se reproduira plus.

261. — Elisa est devenue percluse des deux jambes ; c'est une espèce de paralysie dont elle souffre dans ce moment-ci.

262. — Je viens de lire dans un journal que la mairie allait être transférée dans un autre local : si j'étais à votre place, je ferais des démarches pour qu'on choisît votre maison ; cela atteindrait bien votre but. Mais vous aimez mieux rester là, à bayer aux corneilles, au lieu de faire une enjambée jusque chez M. le maire. Vous verrez que ce sera la maison de Thomas qui aura la préférence : j'en ferais le pari.

263. — L'intérêt est l'ame de l'amour-propre ; de sorte que, comme le corps, privé de son ame, est sans vue, sans ouïe, sans connaissance, sans sentiment et sans mouvement. de même l'amour-propre, séparé, s'il le faut dire ainsi, de son intérêt, ne voit, n'entend, ne sent et ne se remue plus ; de là vient qu'un même homme qui court la terre et les mers pour son intérêt devient soudainement paralytique pour l'intérêt des autres ; de là vient le soudain assoupissement et cette mort que nous causons à tous ceux à qui nous contons nos affaires ; de là vient leur prompte résurrection lorsque, dans notre narration, nous mêlons quelque chose qui les regarde : de sorte que nous voyons, dans nos conversations et dans nos traités, que, dans un même moment, un homme perd connaissance et revient à lui, selon que son propre intérêt s'approche de lui ou qu'il s'en retire.

264. — Entendez-vous ces sons mornes et répétés,
Retentissant autour de nos toits attristés ?
De cent cloches dans l'air, le timbre monotone,
Qui si lugubrement sur nos têtes résonne,
Avertit les mortels, rappelés à leur fin,
D'implorer pour les morts un tranquille destin ;

D'apprécier la vie ouverte à tant de peines;
De ne point consumer, en mutuelles haines,
Ce fragile tissu de moments limités,
Qu'aux humains fugitifs la nature a comptés.

265. — Il est beau de pardonner les outrages qu'on a reçus! Mais que de gens ne savent pas oublier les torts qu'on a eus envers eux!

266. — Comme on s'étonnait, devant Caton, de ce qu'il n'avait pas encore obtenu de statues : J'aime mieux, dit-il, entendre demander pourquoi il ne m'en a pas été accordé, que de voir des gens surpris de ce que j'en ai eu.

267. — Souvenez-vous, ma fille, que je vous ai recommandé souvent d'être polie et prévenante envers tout le monde; c'est par la prévenance et par la politesse que vos frères se sont concilié l'estime de tout le monde.

268. — Cette armée ne parut pas d'abord si nombreuse, si formidable qu'on l'avait annoncé.

269. — On s'ennuie presque toujours avec les gens avec qui il n'est pas permis de s'ennuyer.

270. — On a fait une vertu de la modération, pour borner l'ambition des grands hommes et pour consoler les gens médiocres de leur peu de fortune et de leur peu de mérite.

271.—Qu'est-ce que chaque race? Une ombre après une ombre.
Nous vivons un moment sur des siècles sans nombre.
Nos tristes souvenirs vont s'éteindre avec nous :
Une autre vie, ô temps, se dérobe à tes coups.
Mortel, jusques aux cieux élève ta prière ;
Demande au Tout-Puissant, non pas que la poussière
Qu'on jette sur ces morts soit légère à leurs os ;
Ce n'est point là que l'homme a besoin de repos ;
Et l'âme, qui du corps a dépouillé l'argile,
Cherche au sein de Dieu même un éternel asile.

272. — Allons retrouver mes filles que j'ai laissées dans leur appartement, où elles sont occupées à peindre ou à broder ; je les ai de bonne heure accoutumées au travail.

273. — Crassus voyait d'un œil jaloux la gloire dont s'étaient couverts Pompée et César.

274. — J'étais la seule femme qui n'eût pas oublié son malheur; aussi n'ai-je point hésité à lui porter des secours et des consolations.

275. — Le maillechort est un métail dont on se sert pour toute sorte d'objets d'art ou d'utilité domestique.

276. — Je me suis enfoncé une petite écharde dans le doigt; je vais consulter un médecin, de crainte qu'il n'y vienne un panaris. Mon frère m'avait donné un élixir qui ne m'a rien fait. J'ai déjà assez souffert de mon érysipèle, sans vouloir encore risquer d'avoir une maladie.

277. — La vie est un dépôt confié par le Ciel :
Oser en disposer c'est être criminel.

278. — Celui qui attend un malheur certain, peut se dire véritablement malheureux.

279. — Alexandre et César furent follement avides de gloire : quoique maîtres du monde, ni l'un ni l'autre ne connurent le repos ni le bonheur.

280. — La belle retraite des Dix-mille a plus ennobli la carrière militaire de Cyrus, que les plus belles conquêtes.

281. — Les villes dont nos soldats se sont emparés renfermaient un butin considérable ; ce ne fut qu'après le départ de l'ennemi, qu'ils se rendirent maîtres de toutes les richesses qu'avaient laissées les vaincus.

282. — La voilà, malgré son grand cœur, cette princesse si admirable et si chérie! La voilà, telle que la mort nous l'a faite ; encore, ce reste tel quel va-t-il disparaître, cette ombre de gloire va s'évanouir, et nous l'allons voir dépouillée même de cette triste décoration. Elle va descendre à ces sombres lieux, à ces demeures souterraines, pour y dormir dans la poussière avec les Grands de la terre, comme parle Job, avec ces rois et ces princes anéantis, parmi lesquels à peine peut-on la placer, tant les

rangs y sont pressés, tant la mort est prompte à remplir ces places! Mais ici notre imagination nous abuse encore; la mort ne nous laisse pas assez de corps pour occuper quelque place; et l'on ne voit là que les tombeaux qui fassent quelque figure: notre chair change bientôt de nature, notre corps prend un autre nom; même celui de cadavre, dit Tertullien, parce qu'il nous montre encore quelque forme humaine, ne lui demeure pas longtemps; il devient un je ne sais quoi qui n'a plus de nom dans aucune langue : tant il est vrai que tout meurt en lui, jusqu'à ces termes funèbres par lesquels on exprimait ses malheureux restes!

283. — Me promets-tu, Posa, si les flatteurs jamais
Vers mon cœur désarmé se frayaient un accès;
Si mes yeux oubliaient de répandre des larmes,
Qu'à verser, autrefois, ils trouvaient tant de charmes;
Si mon oreille un jour lâchement se fermait
Aux cris de l'opprimé qui s'en approcherait;
Me promets-tu, gardien de ma vertu mourante,
D'évoquer, de ta voix généreuse et puissante,
Mon bon ange endormi, mon honneur oublié?

284. — Les prix et les couronnes que cet enfant a obtenus, ont flatté son amour-propre; j'approuve la résolution sincère qu'il a formée de travailler plus fortement encore pour obtenir de nouveaux triomphes.

285. — Je ne sais pas pourquoi vous me raillez toujours; je ne cesse de faire tous mes efforts pour vous contenter, et je ne reçois jamais de vous que des rebuffades. Je finirai par en perdre la tramontane; mais, prenez-y garde, je suis rancunier, et un beau jour je me revancherai.

286. — J'ai décacheté les paquets et les lettres qu'on m'a apportés ce matin, je ne sais par quelle méprise, mais je les ai renvoyés tout de suite à la personne à laquelle on les avait destinés.

287. — VIE PRIVÉE DE FÉNÉLON. — Son humeur était égale, sa politesse affectueuse et simple, sa conversation féconde et animée. Une gaîté douce tem-

pèrait en lui la dignité de son ministère; et le
zèle de la religion n'eut jamais chez lui ni sécheresse ni amertume. Sa table était ouverte,
pendant la guerre, à tous les officiers ennemis
ou nationaux que sa réputation attirait en foule
à Cambrai. Il trouvait encore des moments à leur
donner au milieu des devoirs et des fatigues de
l'Episcopat. Son sommeil était court, ses repas,
d'une extrême frugalité; ses mœurs, d'une pu-
reté irréprochable. Il ne connaissait ni le jeu
ni l'ennui; son seul délassement était la promenade; encore, trouvait-il le secret de la faire
rentrer dans ses exercices de bienfaisance. S'il
rencontrait des paysans, il se plaisait à les entretenir. On le voyait assis sur l'herbe au milieu d'eux, comme autrefois Saint-Louis sous le
chêne de Vincennes. Il entrait même dans leurs
cabanes, et recevait avec plaisir tout ce que lui
offrait leur simplicité hospitalière. Sans doute,
ceux qu'il honora de semblables visites racon-
tèrent plus d'une fois à la génération qu'ils virent
naître que leur toit rustique avait reçu Fénélon.

288. — Que d'écrits, que de compilations
n'ai-je pas parcourus! Mais que la plupart de ces
productions étaient mauvaises!

289. — La fête que nous préparions ne put
avoir lieu, le mauvais temps n'ayant pas permis
qu'on se rassemblât dans les lieux et à l'heure
que j'avais moi-meme indiqués.

290. — Qu'il est beau de savoir que toutes nos pensées
Sont dans l'ame d'un fils aussitôt retracées ;
Solidaire, avec nous, de toutes nos douleurs,
Qu'il rit de notre joie et pleure de nos pleurs;
Que du sort, avec nous, supportant les atteintes,
Il partage, avec soin, notre espoir et nos craintes.
Puisant dans un trésor que l'on croyait tari,
Qu'il est doux, appuyé sur un enfant chéri,
De pouvoir, avec lui, recommencer la vie !
Alors notre vieillesse, à sa jeunesse unie,
Du temps, qui détruit tout, ose braver les lois.
La nuit, nous retrouvons nos rêves d'autrefois.

Heureux père, pour lui quel avenir de gloire !
Les vertus de son fils illustrent sa mémoire.
La mort n'arrache pas le sceptre de sa main,
Car, s'il meurt aujourd'hui, son fils règne demain.
De semer, d'amasser, jamais il ne se lasse :
C'est pour son fils qu'il sème et pour lui qu'il amasse ;
Et dans son père, alors, voyant son bienfaiteur,
Ce fils dresse à son père un autel dans son cœur.

291. — Les Catacombes. — Un jour, j'étais allé visiter la fontaine Egérie : la nuit me surprit. Pour regagner la voie Appienne, je me dirigeai vers le tombeau de Cecilia Métella, chef-d'œuvre de grandeur et d'élégance. En traversant des champs abandonnés, j'aperçus plusieurs personnes qui se glissaient dans l'ombre, et qui, toutes, s'arrêtant au même endroit, disparaissaient subitement. Poussé par la curiosité, je m'avance et j'entre hardiment dans la caverne où s'étaient plongés les mystérieux fantômes. Je vis s'alonger devant moi des galeries souterraines, qu'à peine éclairaient de loin quelques lampes suspendues. Les murs des corridors funèbres étaient bordés d'un triple rang de cercueils, placés les uns au-dessus des autres. La lumière lugubre des lampes, rampant sur les parois des voûtes, et se mouvant avec lenteur le long des sépulcres, répandait une mobilité effrayante sur les objets éternellement immobiles.

292. — En vain, prêtant une oreille attentive, je cherche à saisir quelques sons pour me diriger à travers un abyme de silence : je n'entends que le battement de mon cœur dans le repos absolu de ces lieux. Je voulus retourner en arrière, mais il n'était plus temps : je pris une fausse route, et, au lieu de sortir du dédale, je m'y enfonçai. De nouvelles avenues, qui s'ouvrent et se croisent de toutes parts, augmentent à chaque instant mes perplexités. Plus je m'efforce de trouver un chemin, plus je m'égare ; tantôt je m'avance avec lenteur, tantôt je passe avec vitesse. Alors, par un effet des échos, qui répétaient le bruit de mes pas, je croyais entendre marcher précipitamment derrière moi.

293. — Il y avait déjà longtemps que j'errais ainsi; mes forces commençaient à s'épuiser, je m'assis à un carrefour solitaire de la cité des morts. Je regardais avec inquiétude la lumière des lampes, presque consumée, qui menaçait de s'éteindre. Tout-à-coup, une harmonie, semblable au chœur lointain des esprits célestes, sort du fond de ces demeures sépulcrales. Ces divins accents expiraient et renaissaient tour-à-tour; ils semblaient s'adoucir encore en s'égarant dans les routes tortueuses du souterrain. Je me lève et je m'avance vers les lieux d'où s'échappent les magiques concerts; je découvre une salle illuminée. Sur un tombeau paré de fleurs, Marcellin célébrait le mystère des Chrétiens; de jeunes filles, couvertes de voiles blancs, chantaient au pied de l'autel; une nombreuse assemblée assistait au sacrifice. Je reconnais les Catacombes.

(Châteaubriand. — *Les Martyrs*, liv. V.)

294.— Montrez-vous, avant tout, de la nature épris :
Que toujours son cachet brille dans vos écrits ;
Elle ne change point, et sa clarté céleste
Sur ses œuvres toujours jette un éclat modeste ;
En elle on trouve tout, force, vie et beauté :
C'est la pierre d'essai de la célébrité.
D'elle tous les beaux-arts tirent leur origine ;
Ils sont restés empreints de sa grace divine.
Chez les hommes ainsi, l'ame, fille du Ciel,
Donne force et vigueur à leur esprit mortel,
Et soumet chaque fibre à sa marche savante :
Invisible toujours, quoique toujours présente.

295. — Les terres que j'ai vu labourer produiront une ample moisson; elles indemniseront l'agriculteur des peines qu'il a prises.

296. — Les jasmins et les tulipes que tu as cueillis pour moi auraient dû-être offerts à ta mère, qui aime les fleurs.

297. — Les Scythes, le plus misérable de tous les peuples, ont résisté aux plus puissants monarques.

298. — Quelque emploi que vous donniez à cet homme, il s'en acquittera fort mal, car il manque d'intelligence.

299. –- Prière du soir a bord d'un vaisseau. — Le globe du Soleil, dont nos yeux pouvaient alors soutenir l'éclat, prêt à se plonger dans les vagues étincelantes, apparaissait entre les cordages du vaisseau, et versait encore le jour dans des espaces sans bornes. On eût dit, par le balancement de la poupe, que l'astre radieux changeait à chaque instant d'horizon. Les mâts, les haubans, les vergues du navire, étaient couverts d'une teinte de rose. Quelques nuages erraient, sans ordre, dans l'Orient, où la lune montait avec lenteur. Le reste du Ciel était pur, et, à l'horizon du Nord, formant un glorieux triangle avec l'astre du jour et celui de la nuit, une trombe, chargée des couleurs du prisme, s'élevait de la mer comme une colonne de cristal supportant la voûte du Ciel.

300. — Il eût été bien à plaindre, celui qui, dans ce beau spectacle, n'eût pas reconnu la beauté de Dieu! Des larmes coulèrent malgré moi de mes paupières, lorsque tous mes compagnons, ôtant leurs chapeaux goudronnés, vinrent à entonner, d'une voix rauque, leur simple cantique à Notre-Dame de Bon-Secours, patronne des mariniers. Qu'elle était touchante la prière de ces hommes, qui, sur une planche fragile, au milieu de l'Océan, contemplaient un soleil couchant sur les flots! Comme elle allait à l'ame cette invocation du pauvre matelot à la Mère de douleur! Cette humiliation, devant celui qui envoie les orages et le calme, cette conscience de notre petitesse à la vue de l'infini, ces chants s'étendant au loin sur les vagues, les monstres

marins, étonnés de ces accents inconnus, se précipitant au fond de leurs gouffres ; la mort s'approchant avec ses embûches ; la merveille de notre vaisseau, au milieu de tant de merveilles ; un équipage religieux, saisi d'admiration et de crainte ; un prêtre auguste en prière ; Dieu penché sur l'abyme, d'une main retenant le Soleil aux portes de l'Occident, de l'autre élevant la Lune à l'horizon opposé, et prêtant, à travers l'immensité, une oreille attentive à la faible voix de sa créature : voilà ce que l'on ne saurait peindre, et ce que tout le cœur de l'homme suffit à peine pour sentir.

(Châteaubriand. — Génie du Christianisme.)

301.— Mon sang a trop d'ardeur? Mais mon oisiveté
N'a rien fait, jusqu'ici, pour l'immortalité ;
Et depuis vingt-trois ans, créature inutile,
Je traîne, sans pudeur, ma jeunesse stérile.
Il s'est enfin levé, le jour de mon réveil :
J'ai brisé les liens de mon lâche sommeil.
L'honneur parle et sa voix fait tressaillir mon ame.
Je sais ce que mon rang, ce que mon nom réclame.
Tous mes moments perdus, saintes dettes d'honneur,
Comme un vivant reproche ont assailli mon cœur.
Il me faut des lauriers, il me faut de la gloire,
Pour que la renommée inscrive dans l'Histoire
Le nom de Don Carlos parmi les noms fameux
Qu'après eux ont laissés mes illustres aïeux.
Ils sont là... je les vois... ils m'ouvrent la barrière,
Et la palme m'attend au bout de la carrière.

302. — Paul-Émile, vivement touché des malheurs de Persée, dit aux jeunes Romains qui l'accompagnaient : Vous avez sous vos yeux un grand exemple de l'inconstance de la fortune ; rappelez-le-vous quand vous serez dans la prospérité, afin de ne traiter personne avec orgueil.

303. — Les arbres que nous avons vu planter ont fait de très-grands progrès en fort peu de temps ; je me flatte qu'ils rapporteront plus de

fruits que n'en promettaient ceux que j'ai fait couper et jeter au feu.

304. — Le relâchement des mœurs n'empêche pas qu'on ne vante beaucoup l'honneur et la vertu ; ceux qui en ont le moins n'ont jamais ignoré combien il importe que les autres en aient.

305. — Ne conviendrait-il pas de s'emparer des derniers moments de ce respectable vieillard, pour faire, en lui, une solennelle réparation à tous ceux qu'on a laissés mourir dans un ingrat abandon ?

306. — Maupin, dont nous donnons ici l'édition des œuvres complètes, a sacrifié toute sa fortune pour faire des expériences qui lui ont réussi presque toutes.

307.—Fuis le mal, car là-haut, à son banquet immense,
 Dieu n'admet que les cœurs purs de corruptions,
 Qui n'ont pas déchiré leur robe d'innocence
   Aux épines des passions.

308. — Il y a dans la vertu une noblesse, une élévation que les cœurs vils et rampants ne sauraient atteindre.

309. — Les oiseaux que j'ai entendus chanter m'ont rappelé des souvenirs bien agréables qui s'étaient presque entièrement effacés de mon esprit.

310. — Les papiers que j'ai entendu lire me font présumer que le général français a remporté la victoire qu'on nous avait annoncée, et dont plusieurs journaux avaient déjà parlé.

311. — Il n'y a que vous et moi, mon ami, qui ayons fait des ouvrages dans la seule vue d'aplanir les difficultés de cette science, qui, quelque aisée qu'elle soit, a néanmoins embarrassé ceux qui s'y sont livrés.

312. — Il est impossible de mieux caractériser Michel Montaigne qu'on ne l'a fait dans ce vers bien connu :

Il cherche dans lui seul matière à ses écrits.

313. — Il faut qu'un homme soit doué d'une vigueur infatigable pour qu'il puisse supporter les désagréments sans nombre des routes, des saisons et des auberges, et même s'en amuser.

314. — Les Italiens courent les rues en jouant de la guitare ; les Espagnols font aussi la même chose, mais ils la font très-mal.

315. — La médisance est un orgueil secret qui nous découvre la paille dans l'œil de notre frère, et nous cache la poutre qui est dans le nôtre ; une envie basse qui, blessée des talents ou de la prospérité d'autrui, en fait le sujet de sa censure, et s'étudie à obscurcir l'éclat de tout ce qui l'efface ; une haine déguisée, qui répand sur ses paroles l'amertume cachée dans le cœur ; une duplicité indigne qui loue en face et déchire en secret ; une légèreté honteuse, qui ne sait pas se vaincre ni se retenir sur un mot, et qui sacrifie souvent sa fortune et son repos à l'imprudence d'une censure qui sait plaire ; une barbarie de sang-froid, qui va percer notre frère absent ; un scandale pour ceux qui nous écoutent ; une injustice où vous ravissez à votre frère ce qu'il a de plus cher.

316. — La médisance est un mal inquiet qui trouble la société, qui jette la dissension dans les cités, qui désunit les amitiés le plus étroites, qui est la source des haines et des vengeances, qui remplit tous les lieux où elle entre, de désordres et de confusion ; partout ennemie de la paix, de la douceur et de la politesse. Enfin, c'est une source pleine d'un venin mortel ; tout ce qui en part est infecté et infecte tout ce qui l'environne ; ses louanges même sont empoisonnées, ses applaudissements, malins, son silence, criminel ; ses gestes, ses mouvements, ses regards, tout a son poison et le répand à sa manière.

317. — Vois-tu ce flot léger que la lune caresse ?
Il s'enfle, il étincelle, il écume... et soudain,
Doucement il murmure et brusquement s'affaisse :
La mer l'engloutit dans son sein.

318. — Ainsi, l'homme, jouet des plaisirs et des peines,
Sur l'Océan du temps un instant ballotté,
S'enfle, brille, s'élève, et, secouant ses chaînes,
S'engloutit dans l'éternité.

319. — Ce que les hommes ont nommé amitié n'est qu'une société, qu'un ménagement réciproque d'intérêts, et qu'un échange de bons offices ; ce n'est enfin qu'un commerce où l'amour-propre se propose toujours quelque chose à gagner.

320. — Jeunes gens, ne vous a-t-on pas exhortés au travail, qui devrait faire, en tout temps, vos plus chères délices ? Cependant nous ne voyons pas que nos exhortations vous aient beaucoup profité.

321. — Les auteurs ne sont pas rares aujourd'hui ; il en est que l'éloge a tués ; il en est aussi que la critique n'a pas empêchés de vivre.

322. — Vers l'Euphrate étonné quels cris se font entendre !
Toi qui pleurais, assis près d'un fleuve étranger,
Console-toi, Juda, tes destins vont changer.
Regarde cette main vengeresse du crime,
Qui désigne à la mort le tyran qui l'opprime.
Bientôt Jérusalem reverra ses enfants ;
Esdras et Machabée, et ses fils triomphants
Raniment de Sion la lumière obscurcie.
Ma course enfin s'arrête au berceau du Messie.

CHAPITRE XXIX. (1)

—

EXERCICES SUR LA PONCTUATION SEULEMENT.

—

(751 à 783.)

—

§ Ier. — SUR LA VIRGULE.

1. — La richesse, les plaisirs, la santé, deviennent des maux pour qui ne sait pas en user.

2. — Les plaisirs de l'esprit, la tranquillité de l'ame, la joie, la satisfaction intérieure, se trouvent aussi souvent à la suite d'une médiocre fortune que dans le cortége des rois.

3. — Sa probité, sa bonne foi, sa modération, le rendent l'arbitre des Etats voisins.

4. — Tout l'agite, l'inquiète, le ronge.

5. — Un prince d'une naissance incertaine, nourri par une femme avilie, élevé par des bergers, et depuis devenu chef de brigands, jeta les premiers fondements de la capitale du monde.

6. — Ainsi que d'autres encore plus anciens qui enseignèrent à se nourrir du blé, à se vêtir, à se faire des habitations, à se procurer les besoins de la vie, à se précautionner contre les bêtes féroces.

7. — Je connais quelqu'un qui loue sans estime,

(1) Dans ce chapitre, ainsi que dans le suivant, il n'y a que les fautes de ponctuation à corriger. Dans l'un, chaque signe est considéré à part, mais de façon à ce que l'élève applique successivement les règles selon l'indication de chaque section ; dans l'autre, les signes sont considérés dans leur ensemble.

qui décide sans connaître, qui contredit sans avoir d'opinion, qui parle sans penser, et qui s'occupe sans rien faire.

8. — Le cœur, pour être touché, n'a pas besoin que l'imagination soit émue.

9. — Les hommes les plus heureux en apparence ont besoin de faire, de temps en temps, un tour à l'école du malheur.

10.—Dans le centre éclatant de ces orbes immenses,
Qui n'ont pu nous cacher leur marche et leurs distances,
Luit cet astre du jour, par Dieu même allumé,
Qui tourne autour de soi sur son axe enflammé.

11. — La gloire des grands hommes doit toujours se mesurer aux moyens dont ils se sont servis pour l'acquérir.

12. — Il était semblable à un rocher qui, sur le sommet d'une montagne, se joue de la fureur des vents.

13. — Adieu, cher antre, adieu, Nymphes de ces prés humides.

14. — Calypso, dans sa douleur, se trouvait malheureuse d'être immortelle.

15. — La versification des Grecs et des Latins, par un ordre réglé de syllabes brèves et de syllabes longues, donnait à la mémoire une prise suffisante.

16.—Soumis avec respect à sa volonté sainte,
Je crains Dieu, cher Abner, et n'ai point d'autre crainte.

17. — De tous les plaisirs, il n'en est guère de plus délicieux que celui que l'on goûte après une bonne action.

18. — Après ces paroles, Télémaque fit laver la plaie de Pisistrate.

19. — L'or en mille canaux s'étend, s'accroît, circule;
Ici, dans un comptoir, l'avidité spécule;
Là, des fils de Plutus, les arts vont chaque jour
Saluer le réveil, et composer la cour.

20. — L'amour fait notre tourment, et l'amitié, notre bonheur.

21. — L'éloge de Démosthènes revient sous la plume de Cicéron, comme l'éloge de Racine, sous la plume de Voltaire.

22. — C'est parler mal à propos, que de dire merveille de sa santé devant des infirmes, d'entretenir de ses richesses, de ses revenus et de ses ameublements, un homme qui n'a ni rentes ni domicile; en un mot de parler de son bonheur devant des misérables.

23. — Il s'aigrit et s'irrite contre elle.

24. — Il ne dort ni nuit ni jour.

25. — L'imagination et le jugement ne sont pas toujours d'accord.

26. — Il parle de ce qu'il ne sait point ou de ce qu'il sait mal.

27. — Je ne veux ni demeurer dans cette île, ni m'abandonner à l'amour.

28. — Il fallait, ou ne point le montrer aux hommes, ou ne le leur ôter jamais.

29. — Il formait ces foudres dont le bruit a retenti partout le monde, et ceux qui grondent encore sur le point d'éclater.

30. — Daigne, daigne, mon Dieu, sur Mathan et sur elle
Répandre cet esprit d'imprudence et d'erreur,
De la chute des rois funeste avant-coureur!

§ II. — SUR LA VIRGULE, ET SUR LE POINT ET VIRGULE.

31. — Quelle pensez-vous qu'ait été sa douleur de quitter Rome, sans l'avoir réduite en cendre; d'y laisser encore des citoyens, sans les avoir passés au fil de l'épée; de voir que nous lui avons arraché le fer d'entre les mains, avant qu'il l'ait teint de notre sang?

32. — Le but de ses voyages était d'examiner partout le physique et le moral; d'étudier les lois et la constitution de chaque pays; de visiter les savants, les écrivains, les artistes célèbres; de cher-

cher surtout ces hommes rares et singuliers , dont
le commerce supplée quelquefois à plusieurs années d'observations et de séjour.

33. — Comme l'un des caractères de la vraie religion a toujours été d'autoriser les princes de la
terre ; aussi, par un retour de piété, que la reconnaissance même semblait exiger, l'un des devoirs
essentiels des princes de la terre, a toujours été de
maintenir et de défendre la vraie religion.

34. — Les devoirs des pères et des mères, sont
l'instruction et la tendresse ; les devoirs des enfants,
sont l'obéissance, l'amour et le respect ; les devoirs
de l'amitié, sont la confiance, la bienveillance et les
bons conseils.

35. — La manne y distillait. Les humains trop heureux
Y ployaient sous les fruits qui renaissaient pour eux ;
L'amour et le plaisir, enfants de l'abondance,
Présidaient les concerts, animaient à la danse ;
Echo ne répétait que les chants des bergers ;
Des vignes s'élevaient dans le sein des rochers ;
Le laurier, le jasmin, s'arrondissant en voûtes,
De leur ombre odorante embellissaient les routes.

§ III. — SUR LA VIRGULE , SUR LE POINT ET
VIRGULE ET SUR LES DEUX POINTS.

36. — Si vous ne trouvez aucune manière de
gagner honteuse, vous qui êtes d'un rang pour lequel il n'y en a point d'honnête ; si tous les jours
c'est quelque fourberie nouvelle, quelque traité
frauduleux, quelque tour de fripon, quelque vol ; si
vous pillez et les alliés et le trésor public ; si vous
mendiez des testaments qui vous soient favorables,
ou si même vous en fabriquez : dites-moi, sont-ce là
des signes d'opulence ou d'indigence?

37. — Dites à la sagesse : Vous êtes ma sœur, et
appelez la prudence votre amie.

38. — Montesquieu a dit, je n'examine point s'il
eut raison de le faire : Faisons tout pour le peuple et
rien par le peuple.

39. — L'heureuse conformation des organes s'annonce par un air de force : celle des fluides par un air de vivacité : un air fin est comme l'étincelle de l'esprit : un air doux promet des regards flatteurs : un air noble marque l'élévation des sentiments : un air tendre semble être le garant d'un retour d'amitié.

40. — On demande quatre choses à une femme : que la vertu habite dans son cœur ; que la modestie brille sur son front ; que la douceur découle de ses lèvres, et que le travail occupe ses mains.

41. — Pythagore a dit : Mon ami est un autre moi-même ; et Plaute : Le bien que l'on fait à d'honnêtes gens n'est jamais perdu.

42.—Du lait, du pain, des fruits, de l'herbe, une onde pure:
C'était de nos aïeux la saine nourriture.

§ IV. — SUR LE POINT ET SUR CE QUI PRÉCÈDE.

43.—On ne peut douter que cette foule de grands hommes qui parurent sous le règne de Louis XIV, ne fût le fruit d'un gouvernement attentif et éclairé. On doit savoir gré à ce prince d'avoir répandu de l'éclat sur les talents et sur les arts, d'avoir su apprécier ces hommes que leur fortune rend obscurs, mais que leur génie rend célèbres ; qui ne sont point destinés par leur naissance à approcher des rois, mais qui sont quelquefois destinés à honorer leur règne.

44. — Le monde est vieux, dit-on : je le crois. Cependant
Il le faut amuser encor comme un enfant.

45. — Le même traitement produisait des effets tour-à-tour salutaires et nuisibles : la maladie semblait braver les règles de l'expérience. Comme elle infestait aussi plusieurs provinces de la Perse, le roi Artaxercès résolut d'appeler à son secours le célèbre Hippocrate, qui était alors dans l'île de Cos : il fit briller à ses yeux de l'or et des

dignités; mais le grand homme répondit au grand
roi qu'il n'avait ni besoins, ni désirs, et qu'il se
devait aux Grecs plutôt qu'à leurs ennemis.

§ V. — SUR LE POINT INTERROGATIF ET SUR CE QUI PRÉCÈDE,

46. — En effet, si les voisins d'un roi juste
sont injustes et ambitieux, que ne doivent-ils pas
craindre de cette réputation universelle de probité qui lui attire l'admiration de toute la terre,
la confiance de ses alliés, l'amour de ses peuples,
l'estime et l'affection de ses troupes? De quoi
n'est pas capable une armée prévenue de cette
opinion, et disciplinée sous les ordres d'un tel
prince?

47. — Où êtes-vous, Mentor? Est-ce ainsi que
vous soutenez Télémaque contre le vice auquel il
succombe? Verrez-vous toujours tranquillement le
fils d'Ulysse déshonorer son père, et négliger sa
haute destinée? Est-ce à vous ou à moi, que ses
parents ont confié sa conduite?

> . — S'il fallait condamner
> Tous les ingrats qui sont au monde,
> A qui faudrait-il pardonner?

§ VI. — SUR LE POINT EXCLAMATIF ET SUR CE QUI PRÉCÈDE.

49. — Que l'homme est un être étonnant!
Après Dieu c'est le plus inconcevable. Que l'homme,
est vil! que l'homme est auguste! quel contraste
de richesse et de pauvreté, d'abjection et de grandeur!

50. — Eh quoi! homme, pouvez-vous penser
que tout soit corps et matière en vous?

51. — Que les sages sont en petit nombre, et
qu'il est rare d'en trouver!

52. — Ah! partial sommeil, le peuple a bien des fois
Envié le bonheur dont jouissent les rois;
Mais si tu fuis ainsi les approches du trône,
Bien à plaindre est le front qui porte une couronne!

53. — Quel mélange de noblesse, de sérénité et de bonté courageuse, dans les traits de ces jeunes gens qui, sous les yeux de leurs heureuses familles, se partagent entre eux les travaux de la culture ou le soin des troupeaux! Entendez-vous ces accents prolongés, ces chants mélodieux, ces murmures, ces sons, ces voix ineffables, qui, s'élevant de toutes les profondeurs de cette terre fortunée, célèbrent, comme à l'envi, l'éternel et inépuisable Auteur de tant de biens? Qu'il est touchant! qu'il est sublime ce concert solennel d'hommage et de reconnaissance!

§ VII. — SUR LES POINTS SUSPENSIFS ET
SUR CE QUI PRÉCÈDE.

54. — O Ulysse, auteur de mes maux, que les dieux puissent te.... Mais les dieux ne m'écoutent point; au contraire, ils excitent mon ennemi.... O terre de ma patrie, que je ne reverrai jamais!.... O dieux, punissez Ulysse; alors je me croirai guéri.

55. — Déjà la garde accourt avec des cris de rage.
Sa mère... Ah! que l'amour inspire de courage!

56.—Vis heureux, bien-aimé! dit-elle avec calme, et en essayant de presser sa main avec sa main débile. Que ton voyage dans ce beau pays soit propice!... Merci, cent fois merci pour ton amour, pour ta constance, pour les nombreuses heures de bonheur que je te dois, et dont je me rendrai digne là-haut!... Je ne suis qu'un songe.... Je voulais encore te dire quelque chose!... Je crois que je l'oublie.... Adieu! N'abandonne pas mon frère.... Oh! comme tu pleures! Attends, je vais prier pour toi!...

57. — Tout-à-coup le feu brille : à l'aspect du trépas
    Ces braves chevaliers ne se démentent pas.
    On ne les voyait plus ; mais leurs voix héroïques
    Chantaient de l'Éternel les sublimes cantiques :
    Plus la flamme montait, plus ce concert pieux
    S'élevait avec elle, et montait vers les cieux.
    Votre envoyé paraît, s'écrie... Un peuple immense,
    Proclamant avec lui votre auguste clémence,
    Auprès de l'échafaud soudain s'est élancé....
    Mais il n'était plus temps.... les chants avaient cessé.

§ VIII. — SUR LE GUILLEMET ET SUR CE QUI PRÉCÈDE.

58. — La belle Inès lève douloureusement vers le Ciel ses yeux baignés de larmes, ensuite elle regarde ses enfants qui l'environnent ; ses pleurs redoublent ; les maux dont ils sont menacés la font frémir ; enfin, rompant le silence : « S'il est » vrai, dit-elle au Roi, que l'univers ait vu des » animaux que leur nature portait à la cruauté, » s'attendrir pour de faibles enfants, jetez un œil » de compassion sur ces malheureux orphelins, et » que leur innocence vous désarme ! »

59. — Quel plaisir de penser et de dire en vous-même :
    « Partout, en ce moment, on me bénit, on m'aime ;
    » On ne voit point le peuple à mon nom s'alarmer ;
    » Le Ciel dans tous leurs pleurs ne m'entend point nom-
                   mer ;
    » Leur sombre inimitié ne fuit point mon visage ;
    » Je vois voler partout les cœurs à mon passage ! »

§ IX. — SUR LA PARENTHÈSE ET SUR CE QUI PRÉCÈDE.

60. — Les démons, irrités de l'heureuse innocence
    Qui régnait parmi les mortels,
    (L'oubli des mœurs et l'indécence
    N'avaient pas encore d'autels)
    Songèrent aux moyens d'envoyer dans le monde
    La licence en maux si féconde
    On s'assemble ; on consulte, et contre les humains
    Chacun, dans l'infernal empire,
    Rêve, délibère, conspire....
    Jugez si notre sort était en bonnes mains !

61. — Je me rendis chez lui dès la pointe du jour (il n'était de retour que depuis la veille) et, me trouvant par-là le premier en date, j'obtins la place que je sollicitais.

62. — Caton se la donna (la mort), Socrate l'attendit.

(Lemierre.)

§ X. — SUR LE TRAIT SÉPARATIF ET SUR CE QUI PRÉCÈDE.

63. — Oh! laissez-la mourir en paix, dit-elle d'une voix étouffée par les sanglots.

Tout-à-coup, au moment où le soleil entr'ouvrait les nuages, comme s'ils eussent été deux immenses paupières, l'agonisante fit un mouvement. Les mourants voient les objets doubles; elle s'écria :

— Ma mère, vois les deux beaux yeux qui me regardent ! Enveloppez-moi dans mon linceul.... dans mon voile, je veux dire.

Son frère prit le voile et l'étendit sur sa tête.

— Pense au Tout-Puissant, lui dit le prêtre.

— Je pense à lui, répondit à voix basse la pauvre voilée.

64. —Debout , dit l'Avarice, il est temps de marcher.
— Eh! laissez-moi.—Debout.—Un moment.—Tu répliques ?
— A peine le soleil fait ouvrir les boutiques.
—N'importe, lève-toi. — Pourquoi faire après tout?
—Pour courir l'Océan de l'un à l'autre bout.

§ XI. — SUR L'ALINEA ET SUR CE QUI PRÉCÈDE.

65. — Les vues courtes, je veux dire les esprits bornés et resserrés dans leur petite sphère, ne peuvent comprendre cette universalité de talents que l'on remarque quelquefois dans un même sujet : où ils voient l'agréable, ils en excluent le solide, où ils croient découvrir les graces du corps, l'agilité, la souplesse, la dextérité, ils ne veulent plus admettre les dons de l'ame, la profondeur, la réflexion, la sagesse : ils ôtent de l'histoire de Socrate qu'il ait dansé.

Il n'y a guère d'homme si accompli et si nécessaire aux siens qu'il n'ait de quoi se faire moins regretter.

Un homme d'esprit et d'un caractère simple et droit peut tomber dans quelque piége ; il ne pense pas que personne veuille lui en dresser et le choisir pour être sa dupe : cette confiance le rend moins précautionné, et les mauvais plaisants l'entament par cet endroit.

Il n'y a qu'à perdre pour ceux qui en viendraient à une seconde charge : il n'est trompé qu'une fois.

J'éviterai avec soin d'offenser personne, si je suis équitable ; mais, sur toutes choses, un homme d'esprit, si j'aime le moins du monde mes intérêts.

Il n'y a rien au monde de si délié, de si simple et de si imperceptible, où il n'entre des manières qui nous décèlent. Un sot ni n'entre, ni ne sort, ni ne s'assied, ni ne se lève, ni ne se tait, ni n'est sur ses jambes, comme un homme d'esprit.

CHAPITRE XXX.

RÉCAPITULATION DE LA PONCTUATION.

(751 à 783.)

1. — Du Forum, ils se rendirent au Colysée par la Via-Sacra. Ils se trouvèrent bientôt devant ces grises murailles de roc qui s'élèvent l'une au-dessus de l'autre, soutenues par quatre rangées de colonnes, et dont les arcades étincelaient sous la blanche lumière de la lune, tandis que les pieds du colosse, enfoncés profondément dans la terre, semblaient une de ces métamorphoses antiques, chair par le haut, pierre par le bas. Les voyageurs gravirent cette

montagne de rochers, en montant de roc en roc, d'un siége des spectateurs à un autre. Don Gaspard ne se hasarda pas jusqu'au sixième, qui est le plus haut, mais la princesse et Albano allèrent jusquelà. De cette hauteur, ils contemplèrent le verdâtre et circulaire cratère de ce vieux volcan calciné qui jadis engloutit neuf mille animaux dans son vaste gosier, et que des flots de sang humain purent seuls éteindre. Les flammes des torches éclairaient cà et là d'immenses crevasses où le genêt, le lierre et le laurier étendaient leurs membres engourdis, comme autant de trépassés dont on soulèverait le couvercle sépulcral. Du côté du sud, d'où avaient pénétré les torrents des siècles et des Barbares, on voyait quelques colonnes isolées et quelques arcades polies par le temps.... Le géant avait nourri de ses membres un temple et trois palais; et pourtant, avec toutes ses blessures, il jetait sur le monde un regard plein de vie.

Quel peuple! s'écria Albano. Ici ce serpent aux innombrables anneaux se roula cinq fois autour de la Chrétienté. Comme une amère raillerie, les pâles rayons de la lune se jouent sur la verte arène où jadis se tenait debout le colosse du dieu du jour.... L'étoile du Nord s'abaisse, et les Ourses et le Dragon ne brillent que penchés. Quel monde nous avons perdu!

— Douze mille prisonniers ont bâti ce théâtre, répondit la princesse, et un plus grand nombre encore y répandirent leur sang.

— Oh! repartit Albano, nous avons encore des prisonniers qui bâtissent, mais ce sont des forteresses qu'ils élèvent.... Le sang coule encore, mais il se mêle à la sueur. Non, non, nous n'avons pas de présent, et ce sera le passé qui devra enfanter l'avenir.

2. — L'homme, sourd à ma voix, comme à celle du Sage,
Ne dira-t-il jamais : C'est assez, jouissons?
Hâte-toi, mon ami : tu n'as pas tant à vivre.
Je te rebats ce mot, car il vaut tout un livre,
Jouis. — Je le ferai. — Mais quand donc? — Dès demain.
— Eh! mon ami, la mort te peut prendre en chemin :
Jouis dès aujourd'hui.

3. — Gardez-vous de confondre le nom sacré de l'honneur avec ce préjugé féroce qui met toutes les vertus à la pointe d'une épée, et n'est propre qu'à faire de braves scélérats.

En quoi consiste ce préjugé? Dans l'opinion la plus extravagante et la plus barbare qui entra jamais dans l'esprit humain, savoir, que tous les devoirs de la société sont suppléés par la bravoure; qu'un homme n'est plus fourbe, fripon, calomniateur; qu'il est civil, humain, poli, quand il sait se battre; que le mensonge se change en vérité, que le vol devient légitime; la perfidie, honnête; l'infidélité, louable, sitôt qu'on soutient tout cela le fer à la main; qu'un affront est toujours bien réparé par un coup d'épée, et qu'on n'a jamais tort avec un homme, pourvu qu'on le tue. Il y a, je l'avoue, une autre sorte d'affaire où la gentillesse se mêle à la cruauté, et où l'on ne tue les gens que par hasard; c'est celle où l'on se bat au premier sang! Au premier sang! grand Dieu! Et qu'en veux-tu faire de ce sang, bête féroce? le veux-tu boire?

4. — Je songeais cette nuit que, de mal consumé,
Côte-à-côte d'un pauvre on m'avait inhumé,
Et que, n'en pouvant pas souffrir le voisinage,
En mort de qualité, je lui tins ce langage :
« Retire-toi, coquin! va pourrir loin d'ici;
» Il ne t'appartient pas de m'approcher ainsi.
» —Coquin! (Ce me dit-il, d'une arrogance extrême.)
» Va chercher tes coquins ailleurs, coquin toi-même!
» Ici tous sont égaux, je ne te dois plus rien :
» Je suis sur mon fumier, comme toi sur le tien. »

5. — Ami, combien de fois, dans mes jours de mauvaise humeur, je me suis surpris trouvant heureux les artistes et les poètes qui peuvent donner carrière à leur enthousiasme, soit en copiant les grands hommes, soit en les faisant parler. Et pourtant, ces jeux luxueux, archimimes des temps héroïques, ne sont que la cloche au pied du paratonnerre: il y a quelque chose au-dessus; faire, c'est vivre : là seulement l'homme se meut dans toute sa liberté

native, là seulement tous ses rameaux fleurissent. Je
ne parle pas ici des puériles et paisibles actions de
la vie. Une porte reste encore ouverte au héros pour
entrer dans la ville de la gloire : c'est la porte des
sacrifices, la porte de Janus. Dans quel autre lieu
sur la terre, autre qu'un champ de bataille, toutes
les forces de l'ame, tous les sacrifices, toutes les
vertus d'une vie entière, entassés dans une même
heure, luttent-ils avec des milliers d'autres forces,
d'autres sacrifices, d'autres vertus? Laissez aller !
crie la voix de l'honneur, de l'ambition ou de la
vengeance; et, soudain, quel effroyable ébranlement!
Que ne trouvera-t-on pas sur cette sanglante arène?
Depuis le coup d'œil d'aigle du chef, jusqu'aux faits
d'armes du soldat; depuis la colère aveugle du
vainqueur, jusqu'à la furtive larme du vaincu; depuis le mépris de la douleur et de la mort, jusqu'au
ressouvenir d'une épouse ou d'une mère, qui brille
à la pointe des lances ennemies.... Que de sentiments
contraires se partagent la lice ensanglantée ! Con-
temple maintenant la guerre d'un point de vue plus
élevé, alors que les esprits, sans s'occuper de gain
ni de perte, ne pensant qu'à l'honneur ou à la sain-
teté du but, s'inféodent au Destin pour qu'il cherche des cadavres parmi des corps, et qu'il tire de
l'urne funéraire le gros lot de la gloire. Deux peuples arrivent chacun d'un côté sur le champ de
bataille, scène tragique d'un esprit élevé : ils ne
se haïssent nullement l'un l'autre; personnelle-
ment ils n'ont aucune vengeance à assouvir, aucune offense à punir : eh bien ! à la voix du farouche régisseur de cette scène tragique, ces deux peuples vont jouer fidèlement les rôles de mort qu'on
leur a fait apprendre.... Le champ de bataille n'est
plus qu'un immense et noir nuage, dans lequel les
peuples se jettent à l'aventure, taillant, coupant, brûlant.... Le jour revient, il ne reste plus, d'un côté que
des cadavres; de l'autre, que deux portes d'honneur :
la porte des Morts et la porte de la Victoire.... Et les

deux peuples se sont séparés pour passer sous l'une
ou sous l'autre de ces portes, couronnés tous deux
de palmes immortelles. Puis, quand tout est fini,
les morts et les vivants sont célèbres dans le monde,
parce qu'ils ont fait mépris de la vie. Mais si le
grand jour doit devenir plus grand encore, si le
prix du combat doit être tout ce qui peut ennoblir
et sanctifier la vie, alors Dieu place à la tête de l'armée sainte un Epaminondas, un Caton, un Gus-
tave-Adolphe, et la liberté est tout à la fois l'éten-
dard et la palme! Heureux, heureux alors celui
qui vit ou celui qui meurt pour le dieu de la guerre,
ou pour la déesse de la paix.

LE LIMAÇON.

FABLE.

6. —
Un jour un limaçon
Au cœur haut, aux grandes pensées,
S'éprit d'un beau dédain pour l'étroite maison,
Où tant d'heures déjà pour lui s'étaient passées.
Soit à raison soit à tort,
Nul n'est content de son sort.
— « Que me sert, disait-il, cette triste coquille
« Qui me force de vivre seul?
« Sans elle j'eusse pu me faire une famille,
» Au lieu d'avoir d'avance à porter mon linceul.
» Pas un ami qui me fasse visite;
» Je vis en pauvre cénobite,
» Sans voir un voyageur, assis à mon côté,
» Jouir des droits sacrés de l'hospitalité.
» La solitude est cousine du vice,
» J'y renonce, et désormais,
» Je veux qu'à mon mérite on rende enfin justice :
» Quittons cette bicoque et cherchons un palais. »
Dès le début de son voyage,
Le sort offrit à son regard,
Parmi les cailloux du rivage,
La dépouille d'un gros homard,
Veuve de son locataire.
— « Quelle excellente affaire,
Se dit-il tout joyeux;
» Je cherchais un palais, pouvais-je trouver mieux?
» Voyez quelle longue enfilade

» De somptueux appartements;
» J'aurai des chambres de parade
» Et plusieurs cabinets charmants. »
Aussitôt il s'élance
Hors d'un logis qu'il quitte sans regrets,
Et, tout bouffi de suffisance,
Se pavane dans son palais.
Mieux eût valu, jusqu'à sa dernière heure,
Qu'il eût gardé son logement étroit :
Le lendemain, dans sa vaste demeure
On le trouva mort de froid.

Ambitieux, c'est pour vous cette fable.
Enivrés de succès conquis dans vos foyers,
Vous cherchez une arène et plus vaste et moins stable;
Vous rêvez des honneurs, vous rêvez des lauriers!...
Tel qui de vos talents chez vous est idolâtre
Vous sifflerait sur un plus grand théâtre.
Vous donc qui prétendez exposer votre nom
Aux hasards de la tribune,
Avant de tenter la fortune,
Rappelez-vous mon limaçon.

FIN DU CORRIGÉ DES EXERCICES.

ERRATA.

—

Page 63, ligne 2, *au lieu de :* procurait, *lisez :* procure.
Page 64, ligne 30, *au lieu de :* il, *lisez :* ils.

TABLE DES MATIÈRES.

—

FIN DE LA TABLE.

www.ingramcontent.com/pod-product-compliance
Lightning Source LLC
Chambersburg PA
CBHW072032080426
42733CB00010B/1865